MARÍA G. DURÁN
@MARIASPEAKSENGLISH

ILUSTRADO POR
Patricia Agüero

Living la vida English

Random
CÓMICS

Papel certificado por el Forest Stewardship Council®

Primera edición: abril de 2024

© 2024, María Speaks English
© 2024, Penguin Random House Grupo Editorial, S. A. U.
Travessera de Gràcia, 47-49. 08021 Barcelona
© 2024, Patricia Agüero, por las ilustraciones
Diseño de la cubierta: Caro Marando

Printed in Spain – Impreso en España

ISBN: 978-84-18040-67-2
Depósito legal: B-1684-2024

Diseño y maquetación: Candela Insua
Impreso en Gómez Aparicio, S. L.
Casarrubuelos (Madrid)

CM 4 0 6 7 2

A la mini-María de once años,
por enseñarme
a vivir la vida English

Índice

How to live la vida English 6

Start living la vida English! 254

How to live la vida English

Después de unos cuantos años compartiendo
cientos de truquitos en redes, una recibe todo tipo de preguntas.
He aquí algunas que he recopilado:

> ¿De dónde es tu camiseta? 😄

> ¿Cómo te cuidas ese pelo? 😄

> ¿Dónde puedo conseguir tu skincare routine? 😄

Bueno, en realidad estas son las menos importantes.
Pero, sin duda, hay una que se lleva el premio a la pregunta
number one, la que siempre está presente en mis DM:

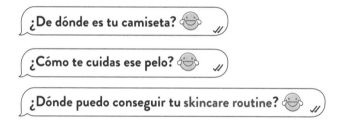

> María, ¿en qué país has vivido
> para hablar inglés así?

Si yo te contara, my dear...
¡Si supieras que nunca he llegado a vivir en un país anglosajón!

Don't get me wrong, vivir fuera ayuda muchísimo
a aprender inglés. Si te apetece, go for it!
Pero la realidad es que no hace falta salir de casa
para sumergirte de lleno en el idioma ni necesitas
coger un avión para empezar a sentirlo.

No me
malinterpretes.

La realidad es que, si te apetece, puedes empezar a
Living la vida English
desde el mismo salón de tu casa.

¡En mi caso fue en mi habitación! Conseguí crear mi propia burbuja
lingüística en diez metros cuadrados y me rodeaba de inglés día sí
y día también. Porque el inglés va más allá de estudiar unas simples
reglas gramaticales. Va de vivirlo, disfrutarlo, conectar y sentirte menos
solo. Let that sink in!

¡Interioriza esto!

No hay que viajar miles de kilómetros en busca del inglés perfecto.
El inglés te acompaña a donde quieras. Por eso en este libro encontrarás
cientos de truquitos que he elegido especialmente para que te lo lleves
a cualquier ámbito de tu vida y lo bordes en cualquier
situación de tu día a día.

Este libro es la señal para que empieces a
Living la vida English desde ya.

¡Abróchate
el cinturón!

Buckle up!
Get ready for the ride of your life!

María

1.
FAMILY MATTERS

Family matters

La familia importa

¿ALGUNA VEZ HAS VISTO LA FAMOSA SERIE DE TELEVISIÓN ESTADOUNIDENSE «COSAS DE CASA»? COME ON! ¿DE VERDAD NO TE SUENA EL MÍTICO PERSONAJE DE STEVE URKEL?

I'm not that old!

BUENO, EL CASO ES QUE RECUERDO VERLA LOS SÁBADOS POR LA MAÑANA, CUANDO NO HABÍA COLE, Y FIJARME EN CÓMO SE LLAMABA LA SERIE EN INGLÉS:

Family Matters

«WOW! —PENSABA—. ¡QUÉ BUEN JUEGO DE PALABRAS!».

EL TÍTULO DE ESTA SERIE TENÍA UN DOBLE SENTIDO,
DOS TRADUCCIONES POSIBLES QUE RESUMÍAN
LA TEMÁTICA A LA PERFECCIÓN:

«ASUNTOS DE FAMILIA»   «LA FAMILIA IMPORTA»

GENIUS! A DONDE QUIERO LLEGAR CON ESTE
PRIMER CAPÍTULO ES A QUE LA FAMILIA ES
LO MÁS IMPORTANTE. POR ESO QUIERO QUE
SEA LO PRIMERO QUE VEAMOS EN
Living la vida English.

El primer ámbito
de tu vida que vamos
a espolvorear con vidilla

Revise the basics

Vamos a ponerte en situación, my dear.
En este capítulo veremos truquitos para:

- Clavarlo en tu próxima reunión familiar.
- Hacer preguntas clave para interesarte por tu family.
- No confundir la pronunciación de ciertas palabritas.
- Brindar como la life of the party.
- Decirle a tu Spanish mom que ya no puedes comer más.
- Regañar a alguien en condiciones Spanish mom style.
- Lidiar con las típicas preguntas incómodas cuñao style.

Sounds good, right?

YA SABES QUE SOY MUY FAN DE ENSEÑARTE LAS TÍPICAS FRASES QUE
PROVOCAN ESE EFECTO *WOW* EN QUIEN TE ESCUCHA, ESTILO:

> Lovely expression! How long have you lived abroad?

¡Qué expresión tan buena!
¿Cuánto tiempo has vivido
en el extranjero?

> I have never! It's all thanks to truquitos, you wouldn't get it...

¡Nunca lo he hecho! Es todo
gracias a los truquitos,
no lo entenderías...

NO OBSTANTE, COMO BUENA *TEACHER* QUE SOY, SÉ QUE PRIMERO
DE TODO HAY QUE ASENTAR LAS BASES Y *REVISE THE BASICS*.
ASÍ QUE, ANTES QUE NADA, VAMOS A RECORDAR TODO EL
VOCABULARIO ESENCIAL Y LUEGO PASAREMOS A LA ACCIÓN.

The family tree

grandfather
abuelo

grandmother
abuela

father
padre

mother
madre

uncle
tío

aunt
tía

uncle
tío

SIBLINGS HERMANOS

YOU

THE WONDERFUL
YOU

sister
hermana

brother
hermano

sister-in-law
cuñada

cousin
primo

cousin
prima

son
hijo

daughter
hija

son-in-law
yerno

niece
sobrina

nephew
sobrino

Nice

grandson
nieto

granddaughter
nieta

¡Reunión familiar!

Let's move to action! Estos life-savers te van a venir de perlas la próxima vez que os juntéis en casa:

¡Pasemos a la acción!

come in handy

Can you put the table?

Where?!

Truquilto
SALVAVIDAS

NADA DE PUT THE TABLE, PLEASE!
CUANDO NOS REFERIMOS A PONER LA MESA, EN INGLÉS DECIMOS SET THE TABLE O LAY THE TABLE.

SI PREGUNTAS CAN YOU PUT THE TABLE?,
TE CONTESTARÁN PROBABLEMENTE CON UN WHERE?!

Do you need help setting the table?	¿Quieres que te ayude a poner la mesa?
Is anyone else coming?	¿Falta alguien más?
What time did you say we're eating?	¿A qué hora has dicho que comemos?
Did everyone get enough to eat?	¿Habéis comido suficiente?
Who's ready for seconds?	¿Quién quiere ya el segundo?
Do we have any more of that **dip**?	¿Queda más salsa de esa?
Did everyone try the soup? It's a new recipe I'm testing out.	¿Habéis probado la sopa? Es una receta nueva que estoy aprendiendo.
Who needs a refill?	¿Quién quiere más bebida?
Who wants **dessert**?	¿Quién quiere postre?
I'll get the coffee started.	Voy a preparar el café.
I'll do the dishes tonight.	Ya friego yo los platos esta noche.
Can I take some leftovers home?	¿Me puedo llevar las sobras a casa?
Let's all help clear the table!	¡Vamos a ayudar a quitar la mesa!
Who's up for a game after dinner?	¿A quién le apetece jugar a un juego después de cenar?
Can you pass me the salt, please?	¿Me pasas la sal, por favor?
This is so good! You gotta share the **recipe**!	¡Está buenísimo! ¡Tienes que darme la receta!

...uquito to make your
...panish Mom happy!

*dejado
de lado*

INTERESARSE POR LA VIDA DE LA FAMILY ES CLAVE PARA QUE DESPUÉS NADIE SE SIENTA LEFT OUT. YA SABES CÓMO PUEDEN SER ESTAS COSAS, JE, JE. PRUEBA A DARLES CARIÑO CON ALGUNOS DE ESTOS TRUQUITOS:

How's work going for you?	¿Qué tal el trabajo?
How's school going?	¿Qué tal el cole?
I heard you got a promotion! Congratulations! How's the new role?	Me he enterado de que te han ascendido. ¡Enhorabuena! ¿Qué tal el nuevo puesto?
Are you still enjoying teaching?	¿Te sigue gustando la enseñanza?
We should do this more often!	¡Deberíamos hacer esto más a menudo!
I heard you moved to New York. How are you liking it so far?	He oído que te has mudado a Nueva York. ¿Te está gustando?
How's your girlfriend? It feels like ages since I've seen her.	¿Qué tal tu novia? Hace mil años que no la veo.

Una forma supernatural de preguntarle a alguien qué tal le parece la experiencia.

Cuando en inglés decimos "it's been ages since..." o "it feels like ages since..." queremos decir que hace «mil años» que no hacemos algo o vemos a alguien. Un supertruquito para sonar natural en inglés, if you ask me.

love it!

16

PRONUNCIATION CORNER

¿Te has fijado en que algunas palabras de los truquitos de la página 15 están destacadas y en color rosa? No es casualidad, my dear. Puede que parezcan fáciles, pero para poner the icing on the cake, las he señalado estratégicamente para que never ever again se te olvide cómo se pronuncian. ¡Es que tienen su historia!

It's not a coincidence.

la guinda al pastel

DIP

SE PRONUNCIA /dɪp/, *NO LO CONFUNDAS CON DEEP (PROFUNDO), QUE SUENA COMO* /diːp/

DESSERT

SE DICE /dɪzɜː(r)t/, *NO LO CONFUNDAS CON DESERT (DESIERTO), QUE SE PRONUNCIA* /dezə(r)t/

RECIPE

LO OIRÁS COMO /resɪpi/, *¡NADA DE* /risaip/!

SCAN THE QR CODE TO LISTEN!

El arte de brindar

¿Y qué sería de las reuniones familiares sin el típico brindis ñoño?
Vamos a ver cómo puedes bordarlo en el próximo:

cheesy

> Let's raise a glass to many more years together!
> ¡Vamos a brindar por muchos más años juntos!

> Cheers!
> ¡Salud!

> To us!
> ¡Por nosotros!

 Truquito EXTRA

SI ESTÁS EN UN FUNNY MOOD, TAMBIÉN PUEDES DECIR: BOTTOMS UP!
¡HASTA EL FONDO! ¡QUE NO QUEDE NADA!

WATCH OUT!
¡OJO!
Como ves, en inglés usamos la preposición "to" cuando queremos especificar por qué o quién brindamos.
¡Nada de decir "for us"!

¡Ya no puedo más, mamá!

Si te has criado con una typical Spanish mom, como la mía, seguro que has vivido una escena similar:

Eat your food now or there's no dessert!
¡Cómetelo todo o te quedas sin postre!

You'd better finish that!
¡Más vale que te lo acabes!

You have two choices: eat it now, or eat it for breakfast!
Tienes dos opciones: ¡para comer o para desayunar!

You're not leaving this table until that plate is clean!
¡No te levantas de la mesa hasta que no vacíes el plato!

Harán
maravillas.

I'm stuffed, mom!
¡Estoy llenísimo, mamá!

I can't eat another bite, it's too much!
¡No puedo con un bocado más, es demasiado!

I think I might explode!
¡Creo que voy a explotar!

I've had enough, mom.
Ya he comido bastante, mamá.

I'm so full!
¡Estoy llenísimo!

I ate way too much already!
¡Ya he comido demasiado!

ESO SÍ, TEN EN CUENTA QUE SON EXPRESIONES BASTANTE INFORMALES. PARA OTRAS OCASIONES O DONDE SIMPLEMENTE HAYA MENOS CONFIANZA, BASTARÁ CON UN:

—WOULD YOU CARE FOR SOME MORE TEA?
—I'M GOOD, THANKS!

Una forma
más formal de
preguntarle a alguie
si le apetece algo d
comer o de beber.

20

¡La zapatillaaa!

house slippers ← Let me put it this way: → A ver si me explico.

Las zapatillas de estar por casa son un elemento que no les puede faltar a las mamis del mundo, es la herramienta number one para poder regañar con eficacia. Am I not right?

I've had it up to here with your behavior!

¡Me tienes hasta el moño con tu comportamiento!

I'm just kidding, dear.

the old-school way

PERO ESO ERA ANTES, A LA ANTIGUA USANZA,
CUANDO NO EXISTÍAN TRUQUITOS TAN GUAIS PARA REGAÑAR
COMO LOS QUE VAMOS A VER A CONTINUACIÓN:

This is the last straw.	Esto ya es el colmo.
You're grounded!	¡Estás castigado!
You're grounded from the phone for a week!	¡Te quedas sin teléfono una semana!
Don't talk back to me!	¡No me contestes!
Enough is enough!	¡Ya está bien!
You know better than this.	Esto no es propio de ti.
Don't make me repeat myself.	No me hagas repetirlo.

Watch out! ¡Ojo!

EN INGLÉS EXISTEN VARIOS VERBOS PARA EL
CONCEPTO DE «REGAÑAR» A ALGUIEN:

TELL SOMEONE OFF

SCOLD SOMEONE FOR DOING SOMETHING

Surviving the family dinner

Admitámoslo.

Let's face it, my dear: todo son risas hasta que interviene la persona que parece que lo sabe todo. Aquella persona que siempre tiene algo que decir o algún comentario o awkward question que hacerte. Aquí es cuando entra en escena...

EL CUÑAO

¡Al final se les coge cariño y todo!

We all know one. Todos conocemos a uno. Y, oye, they even start growing on you! Pero esto ya es un tema de supervivencia, así que vamos a ver algunos truquitos en inglés para plantarles cara:

WHAT YOU MIGHT HEAR

So, María, how come you're still single?

otra forma de decir "why"

WHAT YOU COULD ANSWER

😋 Because, apparently, I'm really good at it.

🙂 I'm simply not interested in dating.

😛 I guess I'm overqualified.

🙁 What makes you think I'm single?

😐 I'm focusing on myself right now, but thanks for asking.

WHAT YOU MIGHT HEAR

Still no kids?
You're going to be left
on the shelf!

¡Se te va a
pasar el arroz!

WHAT YOU COULD ANSWER

☹ When the time is right. Every person has their own journey!

☺ Maybe I like the shelf; it's got a great view!

☺ Each to their own!

WHAT YOU MIGHT HEAR

They're cutting on the health budget again!

recortar
en algo

I'm not a feminist, I'm an equalist!

WHAT YOU COULD ANSWER

☹ Let's not get into politics tonight. We're here to enjoy the meal!

☺ Equalist? Is that like being a feminist with a secret identity?

 Truquito para responder con humor y de forma liviana

 Truquito directo y neutral

 Truquito a la defensiva

 Truquito diplomático

SABES QUE SOY UNA FIEL DEFENSORA DE QUE EL INGLÉS ES THE BEST LANGUAGE EVER, PERO ME TEMO QUE EN ESTA OCASIÓN TE TRAIGO BAD NEWS.

MY DEAR, NO LLORES, PERO EN INGLÉS NO EXISTE UN EQUIVALENTE CERCANO AL CONCEPTO DE «CUÑAO». OF COURSE, EXISTE BROTHER-IN-LAW, QUE SE REFIERE A LA FIGURA DEL CUÑADO, LITERALMENTE. PERO NO HAY UN TÉRMINO PARECIDO COMPARABLE A NUESTRO CUÑAO MÁS ALLÁ DE LOS SIGUIENTES:

BE A KNOW-IT-ALL   SER UN SABELOTODO.

BE A ONE-UPPER   SER EL TÍPICO QUE SIEMPRE QUIERE QUEDAR POR ENCIMA. THEY CONSTANTLY ONE-UP ANYTHING THAT ANYONE SAYS. ¿LO PILLAS? DE AHÍ EL NOMBRE, SIEMPRE QUIEREN QUEDAR UN PUNTO POR ENCIMA.

BE A WINDBAG   HABLAR MUCHO SIN SABER, SER UN BOCAZAS.

Digamos que nuestro término «cuñao» sería una combinación de todos estos truquitos juntos.

Your journey to Living la vida English

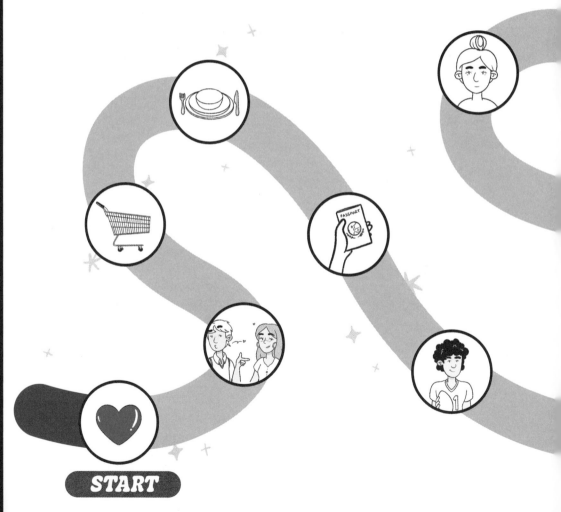

START

Living la vida English

¿Cuál es tu nivel de vidilla alcanzado?

☆ ☆ ☆ ☆ ☆

2.
LET'S DO SOME MINGLING!

Let's do some mingling!

¡A socializar un poco!

SOY DE LAS QUE HACÍAN LOS TÍPICOS *PERSONALITY TESTS* EN FACEBOOK, Y NO ME AVERGÜENZA ADMITIRLO. *WHY AM I TELLING YOU THIS?*

HACE UN TIEMPO DESCUBRÍ, GRACIAS A ELLOS, UN NUEVO TÉRMINO EN INGLÉS QUE HA HECHO QUE TODO TENGA MÁS SENTIDO EN MI VIDA. *MY DEAR, IT TURNS OUT THAT I'M AN...*

✦ *ambivert* ✦

Resulta que...

EL TEST EN CUESTIÓN DEFINÍA ESTE «PALABRO» COMO:

A PERSON WHO HAS FEATURES OF BOTH AN <u>INTROVERT</u> (SOMEONE WHO PREFERS TO SPEND TIME ALONE) AND AN <u>EXTROVERT</u> (SOMEONE WHO PREFERS TO BE WITH OTHER PEOPLE) IN THEIR PERSONALITY.

batería social

That explains a lot of things!

MI SOCIAL BATTERY NORMALMENTE SE ACABA EN POCO TIEMPO Y NECESITO MUCHAS DOSIS DE ME TIME DESPUÉS DE CUALQUIER INTERACCIÓN SOCIAL.

tiempo con uno mismo

BUENO, MARÍA, STRAIGHT TO THE POINT.

Ve al grano.

SEA CUAL SEA TU TIPO DE PERSONALIDAD, LA REALIDAD ES QUE EN LA VIDA... ONE HAS TO GO OUT AND MINGLE.

¡HAY QUE SALIR Y SOCIALIZAR UN POCO! Y COMO ES UNA PARTE TAN FUNDAMENTAL DE NUESTRO DÍA A DÍA, NECESITAS SÍ O SÍ DAR VIDILLA TAMBIÉN A TUS RELACIONES EN INGLÉS.

Revise the basics

El amor y la amistad son la base de cualquier vida feliz.
Bueno, eso... y los truquitos.
Como este capítulo incluye altas dosis
de todos estos ingredientes,
I'm sure you'll want to stick around!

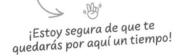

¡Estoy segura de que te
quedarás por aquí un tiempo!

My dear, a continuación vamos a aprender sobre tooodo esto:

- English mistakes que no volverás a cometer.
- Preposiciones que dejarán de ser un lío.
- Truquitos para ligar con la ayuda de Joey Tribbiani.
- Frases para romper el hielo e invitar a una copa.
- Vocabulario de ligoteo indispensable.
- Cómo evitar silencios incómodos.
- Truquitos para animar a tus amigos.
- Cómo cuadrar con tus friends para quedar.
- Frases para cotillear en condiciones.

• •

*BUT FIRST THINGS FIRST, EN LA SIGUIENTE PÁGINA VAMOS
A RECORDAR UN POCO DE ESSENTIAL VOCABULARY
QUE TE VA A PONER EN SITUACIÓN Y VA A AYUDARTE
A RECORDAR CÓMO ES UNA TÍPICA CONVERSACIÓN
EN INGLÉS EN LA QUE CONOCES A ALGUIEN.*

Pero lo
primero es
lo primero.

I'm María, **nice to meet you! I've heard so much about you!**

You too! I'm Taylor.

That's a cool name! **Where are you from?**

I come from Pennsylvania, but I'm currently living here in Tennessee. **Do you live around here?**

Actually, I came on vacation for a few days! **What do you do for a living?**

So I write music, you know? I'm really into country and pop and I'm lucky that **I get to make a living off of it.**

Awesome! I'm an online English teacher, and my students learn through my famous *truquitos!*

That sounds so cool! **How old are you? I think we're around the same age?**

I'm 27! Hey, **we should hang out sometime.** You seem so fun!

Sure thing! **Let's keep in touch.**

Let's set the record straight

Aclaremos las cosas.

My dear, me llena de orgullo y satisfacción
poder contarte por fin que a partir de esta página
llega a **Living la vida English**
el famosísimo...

✦ THE NEVER AGAIN CORNER ✦

Un espacio seguro donde convivirán los típicos errores que solemos tener en inglés para que podamos identificarlos, atarlos de pies y manos, encerrarlos con llave, dejarlos olvidados y... no volver a cometerlos NEVER AGAIN.

In today's edition tenemos a los míticos...

1. NAUGHTY ARTICLES

La próxima vez que conozcas a alguien y quiera saber a qué te dedicas, recuerda que en inglés está forever forbidden olvidarse de los artículos indefinidos a o an.

- I'm **an** engineer.
- I'm **a** teacher.
- I'm **a** flight attendant.

SÉ QUE EN CASTELLANO HACEMOS TOTALMENTE LO CONTRARIO (DECIMOS «SOY INGENIERA» O «SOY PROFESOR» EN LUGAR DE «SOY UN PROFESOR»), PERO, OYE, ENGLISH IS DIFFERENT.

2. ANNOYING PREPOSITIONS

Siguiendo el mismo tema...

On a similar note, el trabajo siempre suele salir en las primeras conversaciones con alguien y las preposiciones en inglés siempre son el quebradero de cabeza más grande de cualquier student, así que he decidido unir ambos temas en el siguiente truquito.

No soy mala, te lo prometo. You'll thank me later!

SI ALGUNA VEZ TE HA OCURRIDO ESTO EN INGLÉS, NO WORRIES.
THAT MEANS YOU'RE HUMAN! VAMOS A SALIR DE DUDAS:

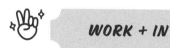

WORK + IN

Lo usamos cuando queremos indicar el área de trabajo, el **edificio en concreto** o el **departamento** en el que trabajamos.

- I work **in** the fashion industry.
- She works **in** the marketing department.
- We work **in** terminal A.

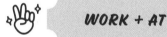

WORK + AT

Lo usamos cuando queremos indicar la **empresa** en la que trabajamos o el **espacio físico** donde lo hacemos:

- She works **at** Samsung.
- I work **at** the airport.
- They work **at** the mall during the mornings.

WORK + FOR

Lo usamos cuando queremos indicar **para quién** trabajamos.

- She works **for** Disney.
- I work **for** my boss.
- My fiancée works **for** Apple in London.

3. AWKWARD ENCOUNTERS

Nice to meet you!

Me too!

GUARDARÁS EL SIGUIENTE TRUQUITO MUY BIEN GUARDADO EN THE NEVER AGAIN CORNER Y NUNCA MÁS VERÁ LA LUZ. PROMISE ME!

Cuando hayas salido a hacer un poco de mingle y te presenten a alguien, no contestes Me too! al típico Nice to meet you. Ármate de valor, take a deep breath y di:

- **You** too!
- Nice to meet **you too**!

PIÉNSALO. SI CONTESTARAS ME TOO, LITERALMENTE ESTARÍAS DICIENDO QUE TAMBIÉN ESTÁS ENCANTADO DE CONOCERTE A TI MISMO. ¡LOS INGLESES TIENEN SU LÓGICA Y TODO!

It's nice to meet me too.

We all want love

Ay, my dear. El amor, que todo lo puede y que todo lo mueve.
I won't hide, I'm a hopeless romantic!

¡No me escondo!
Soy una romántica
empedernida.

YOOOOOO TE AMO
CON LA FUERZA
DE LOS MAREEES,
YOOOOOO
I LOVE YOU WITH
THE RUSH OF THE
WIND, YOOOOOO!!!

BUT YOU KNOW HOW IT GOES. MUCHO AMOR, MUCHO AMOR...
PERO AQUÍ HAY QUE APRENDER ANTES A LIGAR EN INGLÉS. ¡VAYA,
YA TE LO DIGO YO! ¿Y SI UNO DE ESTOS DÍAS MIENTRAS SALES DE
MINGLE CONOCES AL AMOR DE TU VIDA Y RESULTA QUE ES GUIRI?
ONE MUST BE PREPARED!

¡Hay que estar
preparado!

It's paramount.

COMO ESTE TEMA ES DE VITAL IMPORTANCIA Y YO TAMPOCO ES QUE SEA UNA GURÚ DEL AMOR, HE LLAMADO A UN OLD FOLK PARA QUE ME ECHE UNA MANO.

viejo amigo

¿CONOCES A JOEY TRIBBIANI? ES TODO UN EXPERTO EN ESTO DE LIGAR. SI NO, ÉCHALE UN VISTAZO A CÓMO LO HACE EN LA SERIE FRIENDS. ESO SÍ, LE HE PEDIDO QUE SE DEJE DE HOW YOU DOING? Y LE DÉ VIDILLA A LA COSA.

How you doing?

Lo tienes fichado. Es hora de actuar y romper el hielo, así que aquí tienes varios ice breakers que usaría el mismísimo Joey:

You got your eyes on them.

May I join you?	¿Te importa si te acompaño?
Care to join us?	¿Te unes a nosotros?
What are you drinking?	¿Qué bebes?
Do you know who sings this song?	¿Sabes quién canta esta canción?
Wanna dance?	¿Bailamos?
What's your favorite... ?	¿Cuál es tu... favorito o favorita?
Are you on your own?	¿Estás sola o solo?
Is this seat taken?	¿Está ocupado este sitio?
Can I buy you a drink?	¿Te puedo invitar a una copa?
You look bored. Maybe I can help?	Parece que te aburres. ¿Puedo ayudar?

Nada de "is this seat free?".

Would you like to go somewhere quieter?	¿Quieres que vayamos a un lugar más tranquilo?
Can I ask your opinion on something? What do you think about...?	¿Te puedo preguntar tu opinión sobre algo? ¿Qué opinas de...?
Nice dress/ouftit!	¡Me encanta tu vestido/tu conjunto!
What's your favorite drink? I'll have that!	¿Cuál es tu bebida favorita? La voy a pedir.
Your face looks familiar, have we met before?	Me suena tu cara, ¿nos conocemos?
I just saw you from over there and I think you look really nice. I had to come and talk to you.	Te he visto desde lejos y creo que eres muy guapa, tenía que acercarme y hablar contigo.
You really look like... (nombra a algún famoso).	Te pareces mucho a...

Joey approves these truquitos.

love it!

Truqui/tos
INDISPENSABLES

MAKE A MOVE ON SOMEONE - *DAR EL PASO*
He finally made a move on her and asked her out on a date.

HIT ON SOMEONE - *TIRARLE LOS TEJOS A ALGUIEN*
She tried to hit on him by buying him a drink.

Es muy British.

CHAT SOMEONE UP - *CAMELARSE A ALGUIEN*
He was chatting her up and asking her about her hobbies.

LEAD SOMEONE ON - *DARLE FALSAS ESPERANZAS A ALGUIEN*
She was just leading him on. She never had any intention
of being serious with him.

HIT IT OFF WITH SOMEONE - *CONGENIAR DESDE EL PRIMER MOMENTO*
They hit it off from the moment they met
and have been inseparable ever since.

TURN SOMEONE DOWN - *RECHAZAR A ALGUIEN*
She had to turn him down gently,
as she was already seeing someone.

¿QUEDAMOS?

Ahora que ya habéis entablado conversación,
Joey tiene la clave para pedirle a alguien una cita:

Would you like to go out for a drink?	¿Te gustaría salir a tomar algo?
You seem great; I'd love to meet up sometime. Are you around next week?	Eres genial, me encantaría quedar algún día. ¿Estás por aquí la semana que viene?
I know this is a little forward, but I'd love to grab your number and see you again.	Puede que sea muy directo, pero me encantaría que me dieras tu teléfono para verte otra vez.
I'd like to hang out sometime. Would you like to go for ...?	Me gustaría salir algún día. ¿Te gustaría ir a...?
Here's my number. Maybe you can call me sometime!	Este es mi número. ¡Llámame si te apetece!

Joey approves these truquitos.

Are you on Instagram?

Of course, my Instagram handle is @mariaspeaksenglish.

43

Let's keep it between friends

La mítica serie *Friends* no solo nos ha dado los maravillosos truquitos para ligar de Joey, sino que también nos enseñó que una buena amistad is simply a treasure.

Ser a good friend significa acordarte del cumpleaños de tu amigo gracias a las notificaciones de Facebook. Si se da el caso, mira cómo puedes felicitarlo en inglés:

< ⭐ **A Good Friend**

Happy birthday!

Happy 32nd birthday!

Happiest of birthdays!

Many happy returns!

Have a great one!

Cheers to you on your special day! Happy Birthday!

YA QUE ESTAMOS CON LAS NOTIFICACIONES DE FACEBOOK, TE ENSEÑO EN LA PÁGINA SIGUIENTE EL MURO DE UN VERY GOOD FRIEND OF MINE QUE ES INGLÉS Y QUE, AL PARECER, LO HA CONSEGUIDO TODO EN LA VIDA YA. Y, CLARO, COMO BUENA AMIGA, LO FELICITÉ POR TODO. TAKE NOTE!

RECENTLY GRADUATED FROM COLLEGE.

María Speaks English commented:
You did it! Congratulations on your graduation! **Your hard work has really paid off**. I'm so proud of you!

Tu esfuerzo ha dado sus frutos.

IN A STRONG AND HEALTHY RELATIONSHIP.

María Speaks English commented:
Love looks good on you! You both seem perfect for each other; you guys are meant to be!

¡El amor te sienta genial!

Cuando una pareja "is meant to be" quiere decir que están hechos el uno para el otro.

GOT ENGAGED

María Speaks English commented:
This is such exciting news! Congratulations on taking this exciting step together.

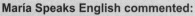

JUST WELCOMED A BABY

María Speaks English commented:
You're a dad now! That's insane and so awesome. I'm super happy for you. **Your baby hit the parent jackpot!**

A tu bebé le ha tocado la lotería con unos padres tan guais.

Los buenos amigos están en las buenas y en las malas.

Pero oye, good friends are there through thick and thin, así que también tendremos que conocer algunos truquitos para animar a alguien en un mal día:

A GOOD FRIEND

Keep your head up!
¡No te desanimes!

You've got this!
¡Lo tienes controlado! ✓✓

Cheer up!
¡Anímate! ✓✓

Keep going!
¡Sigue adelante! ✓✓

You can do it!
¡Puedes hacerlo! ✓✓

Hang in there!
¡Aguanta ahí! ✓✓

EN CASTELLANO, EQUIVALDRÍAN A NUESTRO TÍPICO «¡ÁNIMO!» DE TODA LA VIDA. PERO SI CON UN MENSAJE NO FUERA SUFICIENTE Y TU BEST FRIEND NECESITASE APOYO EN PERSONA, QUEDAR Y VEROS SIEMPRE ES UNA BUENA OPCIÓN.

MIRA ESTOS TRUQUITOS PARA ORGANIZAR TUS PLANES SEGÚN EL TIPO DE AMIGO.

el amigo que siempre tiene ganas de salir

THE ALWAYS-UP-FOR-IT FRIEND

"be up (or down) for something": tener ganas de un plan

Are you up for dinner tonight?
¿Te apetece cenar esta noche?

What time works best for you?
¿Qué hora te viene mejor?

I can do 8 pm!
¡Puedo a las 20 h!

el amigo ocupado

THE BUSY FRIEND

Hey! Wanna grab drinks some day? Maybe Friday?
¡Hola! ¿Te apetece tomar algo? ¿Qué tal el viernes?

I can't make it on Friday, how about Saturday?
No puedo el viernes, ¿cómo te viene el sábado?

I actually have something going on that day. How about next week?
Justo tengo algo ese día. ¿Y la semana que viene?

So… I'm out of town next week!
¡Justo la semana que viene no estoy!

La expresión "I can't make it" quiere decir que no puedes asistir a algún lugar, una quedada o un evento.

47

el amigo que te cancela en el último momento

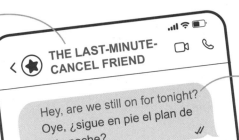

THE LAST-MINUTE-CANCEL FRIEND

Hey, are we still on for tonight? Oye, ¿sigue en pie el plan de esta noche?

I was just about to call. Can we reschedule for another day? **Something came up.** Justo iba a llamarte. ¿Podemos dejarlo para otro día? Me ha surgido algo.

¡Fíjate en este supertruquito!

Wow! ¡Otro supertruquito!

Si tienes suerte...

Tenéis mucho de lo que poneros al día.

IF YOU'RE LUCKY, CONSEGUIRÉIS PONEROS DE ACUERDO Y QUEDAR. IT'S BEEN AGES! YOU HAVE A LOT TO CATCH UP ON. ASÍ QUE, MY DEAR...

LET'S SPILL THE TEA!

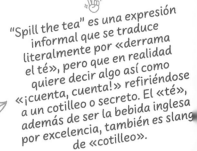

"Spill the tea" es una expresión informal que se traduce literalmente por «derrama el té», pero que en realidad quiere decir algo así como «¡cuenta, cuenta!» refiriéndose a un cotilleo o secreto. El «té», además de ser la bebida inglesa por excelencia, también es slang de «cotilleo».

VAMOS A APRENDER TRUQUITOS PARA COTILLEAR LA PRÓXIMA VEZ QUE QUEDES CON TU BEST FRIEND.

Oh my God, **guess what!**

¡Adivina!

Spill!

¡Cuenta, cuenta!

You'll never guess what happened...

¡Cuéntalo ya!

Spill the beans!

Que quede entre tú y yo.

Just between you and me... I heard Leo DiCaprio has a new crush on someone.

¡Júralo!

Swear!

"Shut up" es una forma muy coloquial de reaccionar a algo que te cuentan y que no te puedes creer. Aunque literalmente se traduzca por «cállate», no le estás pidiendo a la otra persona que lo haga. Más bien lo contrario, quieres saber más.

Yeah! And oh my Gosh **you won't believe this.** She's 30!

Shut up!

¡Venga ya!

Rumor has it they met at a club about a month ago.

Dicen por ahí que...

For real? Wow, you always get the latest!

¿En serio? ¡Siempre te enteras de lo último!

Your journey to Living la vida English

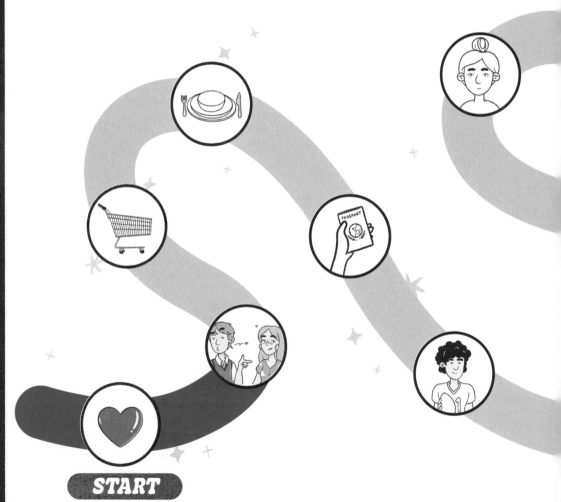

START

Living la vida English

¿Cuál es tu nivel de vidilla alcanzado?

☆ ☆ ☆ ☆ ☆

Excellent

3.
MEET ME AT THE SUPERMARKET

Meet me at the supermarket

Quedamos en el súper

ME PARECE A MÍ QUE ESO DE APRENDER VOCABULARIO
SOBRE FRUTAS Y VERDURAS EN INGLÉS ESTÁ MUY BIEN,
PERO *LET'S BE HONEST NOW...*

¿QUIÉN NOS ENSEÑA A PEDIR MEDIO KILO DE PECHUGA DE POLLO
O A PREGUNTARLE AL CARNICERO SI LE QUEDA JAMÓN SERRANO?
MY DEAR, WELCOME TO ADULT LIFE! ESE MOMENTO EN EL QUE
TE DAS CUENTA DE LA VERDADERA IMPORTANCIA DE SABER SI
UNA SANDÍA ESTÁ BUENA O SI EL KILO DE PATATAS SALE DEMASIADO CARO.

TE TENGO QUE DECIR QUE NUNCA ME
IMAGINÉ ENSEÑANDO TRUQUITOS DE
ESTE ESTILO, PERO, OYE, AQUÍ UNA ES
POLIFACÉTICA. ADEMÁS, ADMITO QUE
IT'S GIVING ME LIFE!

¡Me está
dando la vida!

My mom said when you tap on a ripe watermelon, it should have a deep, hollow sound, right?

Mi madre me dijo que, cuando le das golpecitos a una sandía madura, debería hacer un sonido hueco y profundo, ¿no?

Revise the basics

En este capítulo, el título **Living la vida English**
cobra más sentido que nunca. Verás que está repleto de truquitos
que son indispensables para la vida misma, quite literally!
Fíjate, vas a aprender a:

- Buscar productos específicos sin morir en el intento.
- Pedir que te alcancen lo del estante más alto.
- Pedir opiniones y recomendaciones sobre qué deberías comprar.
- Decir que algo está malo o caducado.
- Pedir whatever you want en la carnicería.
- Diferenciar entre aisle y corridor.
- Elegir la palabra correcta en el momento indicado.

¡Asentemos primero
las bases!

PERO YA SABES, LET'S LAY THE FOUNDATIONS FIRST!
NO PODEMOS EMPEZAR LA CASA POR EL TEJADO,
ASÍ QUE VAMOS A RECORDAR LO FUNDAMENTAL. EN UN SÚPER,
TE VAS A ENCONTRAR LAS SIGUIENTES SECCIONES:

Dairy
Lácteos

Fishmonger
Pescadería

Butcher
Carnicería

Deli
Charcutería

Bakery
Panadería

Frozen food
Congelados

Canned food
Conservas

Fruits and vegetables /
Produce section
Frutas y verduras

Beverage section
Sección de bebidas

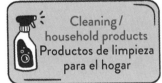
Cleaning /
household products
Productos de limpieza
para el hogar

Toiletries
Productos de aseo

Checkout
Caja

Todas estas supermarket sections están repletas de objetos que tienes que conocer en inglés:

trolley (UK) / shopping cart (US)
carrito de la compra

basket
cesta de la compra

till (UK) / cash register (US)
caja registradora

weighing scale
báscula

conveyor belt
cinta transportadora

Ojo con la pronunciación de esta palabra! El sonido de la p es totalmente mudo. Decimos: /rɪˈsiːt/.

receipt
ticket de la compra

stands
estantes

bar scanner
escáner de código de barras

57

Y... spoiler! En los stands vas a encontrar todo tipo de productos que vendrán en diferentes recipientes y formas, dependiendo del tipo. Fíjate bien en estos ejemplos:

bag of flour   **paquete** de harina

box of biscuits   **caja** de galletas

loaf of bread   **barra** de pan

six-pack of beer   **paquete** de seis cervezas

packet of crisps   **bolsa** de patatas fritas

En UK oirás también "egg box".   **egg carton**   **cartón** de huevos

Coke **can**   **lata** de Coca-Cola

En UK se usa el término "tin" para las latitas de conserva en las que iría, por ejemplo, el atún. No obstante, esta palabra no se usa en Estados Unidos, donde utilizan el término "can" para todo.   **tin** of tuna   **lata** de atún

yogurt **pot**   **tarrina** de yogurt

jar of mayonnaise   **tarro** de mayonesa

ketchup **bottle**   **bote** de kétchup

AHORA QUE YA CONOCEMOS LOS BASICS Y PODEMOS PONERLE NOMBRE A CASI TODO LO QUE NOS RODEA EN UN SUPERMARKET, VAMOS A PASAR A LA ACCIÓN. PUEDE QUE IR A COMPRAR RESULTE BORING AND DULL, PERO LA VERDAD ES QUE TE PUEDE PASAR DE TODO MIENTRAS RECORRES LOS PASILLOS. YOU NEVER KNOW!

aburrido e insulso

¡Nunca se sabe!

POR ESO, MY DEAR, HE CREADO Y PATENTADO EL ÚNICO E INIGUALABLE...

The English Supermarket Survival Guide

El único manual donde encontrarás los truquitos que de verdad necesitas a la hora de hacer la compra. Let's get into it!

Can I help you?

Yes, please. I have so many questions!

supermarket clerk
empleado

WHEN YOU'RE LOOKING FOR SOMETHING IN PARTICULAR...

Excuse me, where can I find the eggs?
Perdone, ¿dónde puedo encontrar los huevos?

La expresión "can't seem to do something" se usa cuando ya has intentado hacer algo pero no lo consigues.

Could you help me locate the rice?
¿Me ayuda a encontrar el arroz?

I can't seem to find the tomatos, can you help me, please?
No encuentro los tomates, ¿puede ayudarme, por favor?

Do you carry gluten-free pasta?
¿Tenéis pasta sin gluten?

Cuando no alcanzas al estante más alto...

WHEN YOU CAN'T REACH THE TOP SHELF...

Could you help me get that box of cereal off the top shelf?
¿Me ayuda a alcanzar la caja de cereales de arriba?

I can't get to the bleach bottle, could you get it down for me?
No llego al bote de lejía, ¿me lo podría bajar?

Can you help me reach the packet of rice up there?
¿Me ayuda a alcanzar el paquete de arroz de ahí arriba?

Sounds good, right?

60

WHEN YOU NEED SOME RECOMMENDATIONS...

Can you recommend a bottle of red wine that's not too expensive?
¿Podría recomendarme una botella de vino que no sea muy cara?

Can you suggest a cheese that would pair well with this wine?
¿Me podría sugerir un queso que quede bien con este vino?

Which brand of coffee do you think is the best?
¿Qué marca de café cree que es la mejor?

WHEN YOU'RE NOT SURE ABOUT THE EXPIRY DATES...

Do you have any avocados that are more ripe?
¿Tenéis aguacates que estén más maduros?

Cuando una fruta o verdura está "ripe", quiere decir que está madura y lista para comer.

What's the expiration/expiry date of this yogurt?
¿Cuál es la fecha de caducidad de este yogurt?

How long do these watermelons stay fresh?
¿Hasta cuándo están buenas estas sandías?

WE INTERRUPT OUR PROGRAMME
TO GIVE YOU AN EXTRA `Truquiito`

LA COMIDA TIENE MUCHAS FORMAS
DE «PONERSE MALA» EN INGLÉS. FÍJATE:

El pan está duro. → **The bread is stale.**

The apple is rotten. → La manzana está podrida.

El queso está mohoso. → **The cheese is moldy.**

The lettuce wilted. → La lechuga se ha puesto marrón.

La leche está mala. → **The milk is spoiled.**

TAMBIÉN PUEDES USAR OTROS TÉRMINOS
MÁS GENERALES CON CUALQUIER ALIMENTO:

It's gone bad / It's gone off. / It's expired.

It's past the expiration day.

WHEN YOU'RE AT THE BUTCHER'S...
Cuando estés en la carnicería...

Can you cut these pork chops a bit thicker/thinner for me?

¿Podría cortarme las chuletas de cerdo un poco más gruesas/finas?

....

Could I get a pound of chicken breast, sliced thin, please?

¿Me da medio kilo de pechuga de pollo, cortada fina, por favor?

My dear, resulta que "pound" no solo es una moneda, sino que es la unidad de masa que se usa en Estados Unidos y, de forma algo menos extendida, en Reino Unido. No me quiero poner técnica, pero ten en cuenta que:

1 pound = medio kilo aprox.

You do the math! ¡Tú haces los cálculos!

Do you have any freshly sliced bacon?

¿Tiene bacon recién cortado?

Intercambiar por "serrano ham" si se desea, pero es probable que si no estás en España te miren con cara rara.

Could I get three pounds of the ground beef, please?

¿Me da un kilo y medio de carne picada, por favor?

I'd like four chicken breasts, skinless and boneless.

Quisiera cuatro pechugas de pollo, sin piel y deshuesadas.

How much is the beef per pound?

¿A cuánto está la libra de ternera?

WHEN YOU'RE AT THE CHECKOUT...

Cuando estés en la caja...

How much is it?

¿Cuánto es?

Could I get a bag for these, please?

¿Me da una bolsa para esto, por favor?

Can you break a $50 for me?

¿Me cambia este billete de 50 dólares?

Is the discount already applied to this?

¿Ya está aplicado el descuento?

Can I get a receipt, please?

¿Me da el ticket, por favor?

Aisle o corridor?

Este truquito es bastante socorrido para tenerlo en cuenta en el supermercado, my dear. Resulta que en inglés hay varias formas de decir «pasillo», y aquí vengo yo a explicártelo muy clarito:

Cuidado con la pronunciación! En inglés decimos /aɪl/, ¡la s es muda!

AISLE

Un pasillo que está entre asientos, como los de un avión, o entre estanterías, como los de un supermarket:

Is the cereal in this aisle?

Where's the beverage aisle?

CORRIDOR

Un pasillo que tiene paredes a ambos lados, como los de un hotel o un hospital:

It's forbidden to run down the hotel corridors.

They took me down the hospital corridor to the operating room.

De aquí viene también la expresión "walk down the aisle", que quiere decir «caminar hacia el altar». Ten en cuenta que el pasillito hacia el altar está rodeado de asientos, así que por eso usamos esta expresión.

love it!

With great power comes great responsibility

¿Sabías que usar una palabra u otra en inglés conlleva una gran responsabilidad? Take a look:

Hey, I'm going grocery shopping!

Hey, I'm going shopping!

Cool, can you get me some milk?

How many times have you been to the mall this month?

. . . .

TAL Y COMO OCURRE EN CASTELLANO, NO ES LO MISMO «IRSE DE COMPRAS» QUE «IR A COMPRAR» O «IR A HACER LA COMPRA». IN ENGLISH IT'S THE SAME THING!

🖐️ go shopping • irse de compras
🖐️ go grocery shopping • ir a comprar
✌️ do the shopping • hacer la compra

Your journey to Living la vida English

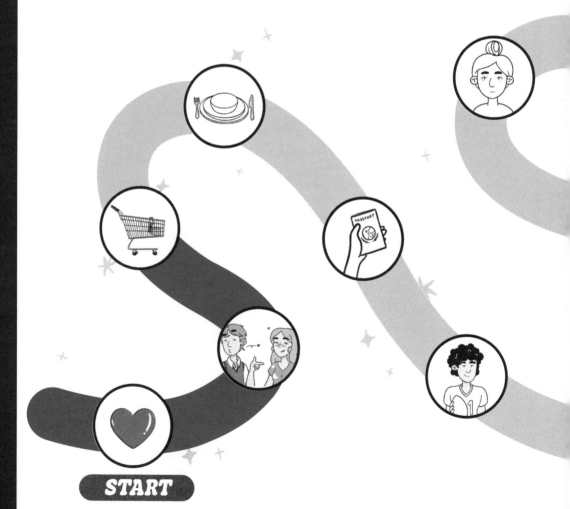

START

Living la vida English

¿Cuál es tu nivel de vidilla alcanzado?

☆ ☆ ☆ ☆ ☆

4.
LET'S GRAB A BITE TO EAT!

Let's grab a bite to eat!

¿Comemos?

TENGO QUE CONFESARTE ALGO, MY DEAR.
¿RECUERDAS CUANDO TE DIJE QUE NO NECESITAS MOVERTE
DEL SALÓN DE TU CASA PARA APRENDER INGLÉS? TE HE MENTIDO.
BUT JUST A LITTLE TINY BIT.

Pero solo un poquitito de nada.

La realidad es que tienes que salir... ¡a comer por ahí!

HAY POCAS FORMAS MEJORES PARA CONOCER UNA CULTURA QUE HACER
UN TOUR POR SU GASTRONOMÍA. ¿QUÉ ME DICES DEL FISH AND CHIPS?
¿Y QUÉ HAY DEL FAMOSO HAGGIS? ¿Y EL SUNDAY ROAST?

Es algo así como la versión escocesa de una morcilla o salchichón. Only for the brave!

HE DE ADMITIR QUE YO SOY MÁS DE PATATAS BRAVAS Y CROQUETAS,
BUT EACH TO THEIR OWN!

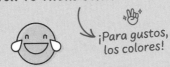

¡Para gustos,
los colores!

ESTAS COSAS HAY QUE SALIR A DISFRUTARLAS,
ASÍ QUE LLÉVATE ESTE LIBRO LA PRÓXIMA VEZ QUE VAYAS
A DARTE UN HOMENAJE.

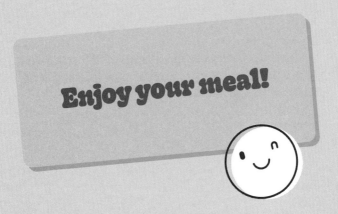

Enjoy your meal!

Revise the basics

Los truquitos que vamos a ver a continuación van a conquistarte como hay que hacerlo: ¡por el estómago!
Don't say I didn't warn you.

A continuación, vas a aprender:

- Cómo hacer una reserva at the restaurant.
- Cómo presentarte en el restaurante sin reserva.
- Cómo pedir tu plato.
- Truquitos para los que son quisquillosos con la comida.
- Cómo quejarse si te encuentras un pelo en tu plato.
- Cómo pedir la cuenta with style.
- Cómo dejar propina.

Sounds good, right?

*PERO, OYE, DIGO YO QUE ANTES DE SENTARTE A LA MESA
TIENES QUE SABER PRIMERO LO QUE TE VAS A ENCONTRAR EN ELLA.
ASÍ QUE LET'S DIVE INTO...*

*Vamos a sumergirnos
en...*

The courses and the types of cutlery

Esta palabra se pronuncia /kʌtləri/ y se traduce por «cubertería».

En inglés llamamos courses a los distintos platos que incluye una comida. Por ejemplo: a four-course lunch es una comida de cuatro platos. Los courses que normalmente te vas a encontrar son:

Y ya que estamos.

AND WHILE WE'RE AT IT, CREO QUE ES DE VITAL IMPORTANCIA QUE, ADEMÁS DE ESTO, CONOZCAS LOS DIFERENTES TIPOS DE CUTLERY QUE EXISTEN EN INGLÉS, QUE NO ME GUSTA DEJAR LAS COSAS A MEDIAS.

Menú

STARTERS
Un pequeño tentempié

FIRST COURSE
El primer plato, normalmente algo ligero, como una sopa o ensalada

MAIN COURSE OR SECOND COURSE
El segundo, el plato potente

DESSERT
El postre

WINE GLASS

WATER GLASS

SOUP BOWL

TABLE CLOTH

NAPKIN | DINNER FORK | SALAD PLATE | DINNER PLATE | DINNER KNIFE | SOUP SPOON

I'm gonna take you out!

¡Voy a llevarte a salir por ahí!

Are we all set? Más vale que sí, porque voy a llevarte a cenar al restaurante más fancy de todo London.

¿Estamos listos?

pijito

No sé qué está pasando, pero últimamente no se puede ir a ningún sitio without making a reservation, right? Por eso voy a llamar antes, para no quedarnos sin sitio. Así es como lo haría en inglés:

> Hi, I'd like to **make a reservation** for dinner, please.

> Sure. **What time would you like?**

> **I'm looking at** 8:00 PM this Saturday.

> Let me check... Yes, we have availability. **For how many people?**

> **A table for four**, please. **Under the name of** María.

It's a double date, ¡no te lo había dicho!

> Great, **you're all set.** See you on Saturday!

En inglés decimos que la reserva está hecha «bajo» el nombre de alguien.

todo listo

Lo cierto es que suelo ser bastante cautious y siempre me acuerdo de llamar antes, pero… ¿qué pasaría si nos plantamos en el restaurante sin reserva? Pues algo así:

¿Por casualidad os queda una mesa libre?

Hi, we didn't make a reservation. **Is there any chance you have a table available?**

Let's see what we can do. **How many people are in your party?**

Somos cuatro.

There are four of us.

You're in luck! **We just had a table open up.** Right this way, please.

Se nos acaba de liberar una mesa.

Antes de adentrarnos más en la cena, aquí vengo con una nueva edición de...

¿Te suena el nombre?

 THE NEVER AGAIN CORNER

Does that name ring a bell? ¿No? En truquitos anteriores, hablábamos de crear un espacio seguro para los English mistakes que siempre solemos tener, to lock them up forever! Todo error que se encuentre en este lugar debe ser encerrado para siempre para que no volvamos a cometerlo.

¡Para encerrarlos con llave para siempre!

Vamos con este. Cuando en un restaurante quieran saber cuántos sois, probablemente escuches las siguientes preguntas:

—*HOW MANY ARE IN YOUR PARTY?*
—*HOW MANY DOES YOUR PARTY HAVE?*
—*PARTY OF FOUR?*
—*TABLE FOR HOW MANY?*

A lo que tú jamás de los jamases responderás...

 **WE ARE FOUR.**

En su lugar, dirás:

Si contestas esto te van a entender, pero lo más natural es decir el siguiente truquito.

—*THERE ARE FOUR OF US.*
—*A PARTY OF FOUR.*
—*A TABLE FOR FOUR.*
—*FOUR!*

BUENO, AHORA QUE YA HEMOS DEJADO ESTE SUPER TYPICAL ENGLISH MISTAKE ATRÁS, CONTINUEMOS CON LA CENA. I'M STARVING!

¡Me muero de hambre!

Llega la hora de pedir nuestro plato favorito, ¿cómo lo hacemos?

Are you ready to order?

What do you recommend from the menu?
¿Qué recomienda del menú?

Do you have any vegetarian/vegan/gluten-free options?
¿Tenéis opciones vegetarianas/veganas/sin gluten?

I'll have the grilled chicken, please.
Para mí el pollo a la parrilla, por favor.

Can I have the spaghetti, please?
¿Me pone los espaguetis, por favor?

La cosa se complica.

Vale, hasta aquí nos lo sabemos, pero the thing gets tricky cuando eres un fussy eater como yo. Siempre hay algo que quiero quitar o añadir. Por eso siempre tengo un truquito up my sleeve.

bajo la manga

quisquilloso con la comida

Could I get the sandwich **without** onions?	¿Me pone el sándwich sin cebolla?
Can I have the sauce **on the side**?	¿Me pone la salsa a parte?
Can I **substitute** the fries **for** a salad?	¿Puedo sustituir las patatas por ensalada?
Can I get **extra** cheese on that?	¿Me pone extra de queso?
Can I **have it light on** the salt?	¿Puede ponerle menos sal?

love it!

Por otro lado, si me preguntan el típico How do you like your steak? para saber en qué punto me gusta la carne, tengo esta chuletita (pun intented) guardada:

Esta palabra quiere decir «filete» y, ojo, porque se pronuncia /steɪk/. ¡Nada de /stɪk/!

nunca mejor dicho

RARE

MEDIUM-RARE

MEDIUM

MEDIUM-WELL

WELL-DONE

Esta palabra en castellano se refiere a la hoja que usas para copiar en los exámenes. En inglés se dice "cheat sheet".

Lo siguiente ya no es de fussy eater, es de valientes. Porque, ¿y la vergüenza que da decirle al camarero que te has encontrado un pelo en el plato? ¡Uf! Pero, oye, también hay que saber gestionar los problemas en el restaurante:

Excuse me, there's a hair in my food.
Perdone, me he encontrado un pelo en la comida.

We've been here for a long time. Could you check on our order?
Llevamos ya mucho tiempo, ¿puedes ver cómo va nuestro pedido?

My soup arrived cold. Could you heat it up?
La sopa está fría. ¿La podría calentar?

I think there's been a mistake; I ordered the beef, not the chicken.
Creo que ha habido un error; pedí ternera, no pollo.

I'm allergic to nuts. Are you sure this doesn't contain any?
Soy alérgico a los frutos secos. ¿Está seguro de que esto no tiene ninguno?

79

Ay... My dear, I'm bursting! ¡Estoy que exploto! Tanto que me he dejado un poquito de comida en el plato, pero es que te lo prometo... I can't have another bite! He pensado en pedir que me lo pongan para llevar. Fíjate en cómo lo hago en inglés:

Aprendimos esta expresión al principio del libro, ¿te acuerdas?

Can you box this up for me?
¿Me lo pone en una caja para llevar?

Could I get this wrapped up, please?
¿Me lo puede envolver para llevar?

Can I have a doggy bag for this, please?
¿Me da una bolsa para llevar esto, por favor?

Can I have this to go, please?
¿Me lo pone para llevar, por favor?

Has leído bien, una «bolsa para perritos». Es una expresión común en Estados Unidos para pedir que te pongan las sobras para llevar.

¿Cuánto crees que será? ¡Hagan sus apuestas!

Ea, ya tengo comida para mañana. Ahora, the moment of truth! Llegó el momento de pedir la cuenta. How much do you think it'll be? Place your bets!

CAN I GET THE CHECK, PLEASE?
US version

CAN WE HAVE THE BILL, PLEASE?
UK version

Venga, que invito yo, my dear. ¡Tenía muchas ganas! Claro que si te opones y te gustaría dividir la cuenta, podrías decir simplemente Is it ok to split the bill? y no pasaría nada, eh.

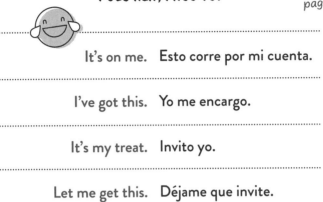

¿QUÉ ME DICES? NOTHING?
PUES ALA, PAGO YO.

¿Te parece bien que paguemos a medias?

It's on me.	Esto corre por mi cuenta.
I've got this.	Yo me encargo.
It's my treat.	Invito yo.
Let me get this.	Déjame que invite.

What a wonderful night! Me lo he pasado genial. Y el servicio... ¡de 10! Creo que se merecen que les dejemos algo. Let's leave a tip!

¡Vamos a dejar una propina!

El tema de la propina depende de cada país. Mientras que en Estados Unidos son prácticamente mandatory, en otros países anglosajones son más flexibles. Ya sabes lo que dicen: when in Rome, do as the Romans do!

ligatorio

Así que apúntate estos truquitos para cuando dejes propina:

A donde fueres, haz lo que vieres.

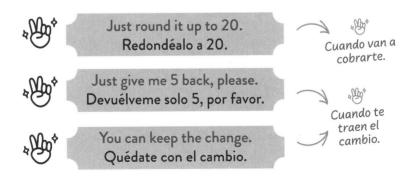

Just round it up to 20.
Redondéalo a 20.

Cuando van a cobrarte.

Just give me 5 back, please.
Devuélveme solo 5, por favor.

Cuando te traen el cambio.

You can keep the change.
Quédate con el cambio.

Your journey to Living la vida English

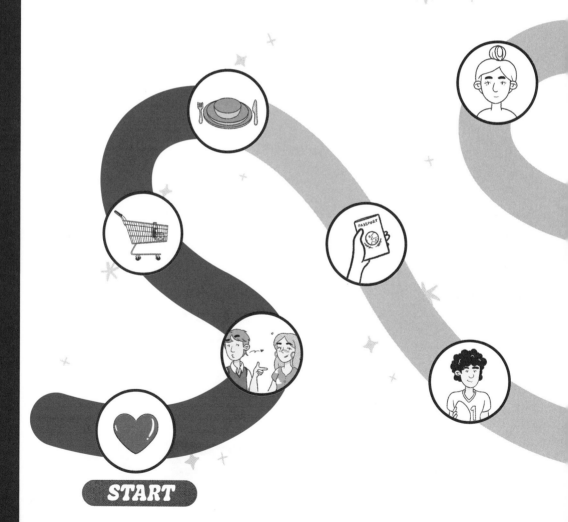

START

Living la vida English

¿Cuál es tu nivel de
vidilla alcanzado?

☆ ☆ ☆ ☆ ☆

5.
ALL AROUND THE WORLD

All around the world

MY DEAR, QUE NO HAYA VIVIDO EN UN PAÍS ANGLOSAJÓN
NO SIGNIFICA QUE NO SEA UN CULO INQUIETO
Y NO ME GUSTE VIAJAR Y SALIR DE MI ZONA DE CONFORT
SIEMPRE QUE PUEDO. DON'T WE ALL AGREE?

PRECISAMENTE POR ESO, SÉ QUE CUANDO
PONEMOS PIE EN UN PAÍS NUEVO LA CANTIDAD DE COSAS
INESPERADAS QUE PUEDEN SUCEDER SON CASI INFINITAS.
WHICH IS EXCITING... BUT ALSO TERRIFYING!

A PARTIR DE AHORA, VAMOS A DECIRLE BYE-BYE
A LOS GESTOS Y LAS SEÑAS QUE HACEMOS CON LA MANO
PARA INTENTAR QUE UN GUIRI NOS ENTIENDA. DESPÍDETE
TAMBIÉN DEL TÍPICO: SORRY FOR MY ENGLISH.

¿CÓMO QUE "SORRY FOR MY ENGLISH"?

MY DEAR, AQUÍ NO NOS DISCULPAMOS POR NUESTRO INGLÉS.
AQUÍ SABEMOS QUE EL SIMPLE HECHO DE ABRIR LA BOCA Y DECIR ALGO EN
UN IDIOMA QUE NO ES EL TUYO ES DE SER GENTE GUAY E INTELIGENTE.

Revise the basics

Me he tomado la libertad de reunir en este capítulo todos aquellos truquitos que me habría encantado saber en su día, cuando pisé otro país por primera vez.

A partir de esta página, vamos a dejar todas las inseguridades y dudas atrás. Recuerda que el solo hecho de plantarte en un país nuevo donde nadie habla tu idioma speaks volumes of you!

Cuando algo "speaks volumes" de una cosa, quiere decir que dice mucho de esa cosa. Otro ejemplo: Your face speaks volumes! - ¡Tu cara lo dice todo!

Échale un vistazo a todo lo que vamos a ver:

- Vocabulario imprescindible para viajar.
- Cómo hacer el check-in de tu maleta sin perder los nervios.
- Preposiciones, as usual!
- Diferencias entre baggage, luggage y suitcase.
- Qué hacer si se te retrasa el vuelo.
- Cómo mantener la calma si pierdes la maleta.
- Cómo contestar a las típicas preguntas en inglés en la aduana.
- Truquitos para hacer el check-in y el check-out en el hotel.
- Truquitos por si te pierdes por la ciudad.
- Cómo pedir que te hagan una fotito.

without losing your temper

. . . .

¡Y MUCHO MÁS!
FIRST THINGS FIRST, VAMOS A HACER UN EJERCICIO MENTAL. ¡CUÁL SUELE SER EL PUNTO DE PARTIDA DE UN VIAJE LARGO? ¿DÓNDE EMPIEZAN TODOS NUESTROS MIEDITOS? ¿CUÁL ES EL PRIMER LUGAR QUE VISITAMOS?

YOU GOT IT, DEAR.

EL AEROPUERTO

Esa concrete jungle donde puede pasarte de todo. Como hemos hecho ya otras veces, vamos a por los basics. Antes de nada, en el airport vas a encontrarte con todo tipo de objetos y zonas que tienes que saber identificar y nombrar en inglés. We don't wanna get lost, do we?

Grábate estas palabras a fueguito:

No queremos perdernos, ¿verdad que no?

Lo sabía ○   ○ A la libretita

boarding pass
billete de avión

Lo sabía ○   **airline**   ○ A la libretita
aerolínea

Lo sabía ○   **gate**   ○ A la libretita
puerta

Lo sabía ○   **departures**   ○ A la libretita
salidas

Lo sabía ○   **arrivals**   ○ A la libretita
llegadas

Lo sabía ○   ○ A la libretita

weighing scale
báscula para equipajes

Lo sabía ○   **departure lounge**   ○ A la libretita
sala de espera

Lo sabía ○   **check-in desk**   ○ A la libretita
mostrador de check-in

Lo sabía ◯	security check control de seguridad	◯	A la libretita
Lo sabía ◯	customs aduanas	◯	A la libretita

Lo sabía ◯

carry-on luggage
equipaje de mano

◯ A la libretita

Lo sabía ◯	baggage carousel cinta transportadora de maletas	◯	A la libretita
Lo sabía ◯	suitcase maleta	◯	A la libretita
Lo sabía ◯	luggage equipaje	◯	A la libretita
Lo sabía ◯	flight attendant azafato o azafata	◯	A la libretita
Lo sabía ◯	connecting flight vuelo con conexión	◯	A la libretita
Lo sabía ◯	layover escala	◯	A la libretita
Lo sabía ◯	luggage trolley or luggage cart carrito portamaletas	◯	A la libretita

AHORA, LET'S BOARD! EMBARQUEMOS EN EL VIAJE, YOU AND ME TOGETHER.
¡VAMOS A APRENDER A MANEJARNOS EN CUALQUIER SITUACIÓN!
LET'S HANDLE IT WITH CLASS... AND WITH MANY TRUQUITOS.

Manejémosla con clase. ←

At the airport!

This has just started! Si estás en el aeropuerto y tienes que facturar tu maleta, lo más probable es que vivas una situación parecida a esta:

> Good morning. **Can I have your passport**, please?

> Sure.

En la cinta para pesarla.

> Thank you. Could you please **place your baggage on the scale?**

> Of course.

> Great, your baggage is **within the weight limit.** Here is your boarding pass. Your gate is number 9 and your departure time is 14:30.

> Thanks a lot. **Is there a security checkpoint nearby?**

> Yes, it's just down the hallway to your right. **Have a safe trip!**

Cuando quieras desearle a alguien un buen viaje, nada de "have a good travel!". En este contexto usamos la palabra "trip" y decimos: "Have a good/nice/safe trip!"

At the airport o in the airport?

Prepositions drive us crazy, I know!
Por eso te dejo este truquito para que salgas de dudas
de una vez por todas:

AT THE AIRPORT

Es lo más común y habla de una localización general. Se puede referir al check-in, a las tiendas e incluso a un punto fuera del aeropuerto.

I parked my car at the airport.

IN THE AIRPORT

Se usa cuando específicamente quieres decir que estás dentro del edificio. Es como si en castellano dijeras «estoy dentro del aeropuerto» en lugar de «estoy en el aeropuerto». ¡Lo especificas!

She had to sleep in the airport that night.

Truquito
CURIOSO

¿SABÍAS QUE «VUELO NOCTURNO» EN INGLÉS SE DICE RED-EYE FLIGHT? HACE REFERENCIA A LOS OJOS ROJOS QUE SE TE QUEDAN POR EL CANSANCIO DE NO HABER DORMIDO NADA DURANTE EL VUELO.

WE INTERRUPT OUR PROGRAMME TO GIVE YOU AN EXTRA Truqui/to

APUESTO A QUE A ESTAS ALTURAS DE LA PÁGINA TE HA ASALTADO LA DUDA:

*¿SE DICE LUGGAGE? BAGGAGE? SUITCASE?
¿¡CÓMO DIGO «EQUIPAJE» EN INGLÉS?!*

LUGGAGE

Es un término general que quiere decir «equipaje».
Puede ser una maleta de mano, una mochila o una maleta de veinte kilos.

Es **incontable**, por lo que no puedes decir one luggage, two luggages...
En inglés decimos a piece of luggage.

— PLEASE DO NOT LEAVE YOUR LUGGAGE UNATTENDED. —

BAGGAGE

También quiere decir «equipaje» y, al menos en Gran Bretaña,
se usa de forma casi intercambiable con luggage, aunque esta última
es bastante más común. También es **incontable**.

— THEY IDENTIFIED THEIR BAGGAGE AMONG HUNDREDS OF OTHERS. —

SUITCASE

Se refiere a una maleta y sí es contable.

— I HAVE TWO SUITCASES WITH ME. —

93

SI TE GUSTAN LAS EMOCIONES FUERTES, AQUÍ TIENES UN

Truquiito
AVANZADO

En Estados Unidos, existe un ligero matiz entre luggage y baggage:

LUGGAGE	BAGGAGE
Se refiere al continente. Es decir, al objeto en sí, ya sea una maleta de mano, una mochila o una maleta grande.	Sería el conjunto de cosas que nos llevamos de viaje. Es decir, hablamos de una maleta y de lo que contiene.

Vamos a ver la diferencia con un ejemplo:

I bought some new luggage for my trip.
Te refieres a que has comprado maletas nuevas para tu viaje.

I bought some new baggage for my trip.
Sonaría raro porque estarías diciendo que te has comprado una maleta nueva con cosas dentro de ella.

 Básicamente:

> ✌ *LUGGAGE REFERS TO EMPTY BAGS AND SUITCASES.*
>
> ✌ *BAGGAGE REFERS TO BAGS AND SUITCASES WITH*
>
> *THEIR CONTENTS.*
>
> love it!

Shit happens, dear

No tiene por qué suceder nada, pero en ocasiones
una mariposa bate sus alas al otro lado del planeta
y provoca una ráfaga de viento que hace que tu vuelo
se retrase unas horas. Murphy's law!

La ley de Murphy dice que, si algo puede salir mal, probablemente saldrá mal. Por eso, hay que estar ready para todo con los siguientes truquitos.

If you flight gets delayed.

Si se te retrasa el vuelo, he aquí algunos truquitos that will come in handy:

Que te vendrán bien.

What's the reason for the delay?
¿Por qué se ha retrasado el vuelo?

Is there an estimated departure time now?
¿Hay una hora estimada de salida?

I have a connecting flight, will I still make it?
Tengo un vuelo de conexión, ¿me dará tiempo a cogerlo?

Dios no lo quiera.

¿Y sí, God forbid, tras horas esperando a que aparezca,
tu maleta no está?
Don't panic. Nos vamos a baggage reclaim
a averiguar qué ha sucedido.

Que no cunda el pánico.

Excuse me, I can't seem to find my suitcase. **It's not on the carousel.**

I'm sorry to hear that. Don't worry, we'll do our best to assist you. **Can you please fill out this form with your details?**

"Fill out" o "fill in a form" quiere decir «rellenar un formulario».

Of course.

No pierdas el recibo de la reclamación.

We'll contact you as soon as we have any updates. In the meantime, **please keep your claim receipt safe.**

How long does it usually take to locate a lost bag?

It can vary, but we'll make every effort to locate it as soon as possible. **We'll keep you informed.**

Y nos ponemos en lo peor.

SI CONTINUAMOS CON LA LEY DE MURPHY Y *WE EXPECT THE WORST*, ES BASTANTE PROBABLE QUE, AL LLEGAR A TU *COUNTRY OF DESTINATION*, LOS DE CONTROL DE PASAPORTE TE HAGAN ALGUNA QUE OTRA PREGUNTITA...

La realidad es que el proceso es bastante plain and simple, nothing to worry about! This is how you can come out in one piece y responder:

Así es como se sale airoso.

HOW LONG WILL YOU BE STAYING IN THE US?

I'll be staying for two weeks.
My stay is planned for one month.
I have a three-month visa.

Nunca respondas "I don't know". Aunque no tengas una fecha concreta de regreso, di una fecha aproximada.

WHAT IS THE PURPOSE OF YOUR VISIT?

I'm here for a vacation with my family.
I came to visit my relatives.
I'm on a business visit.

Cuanto más straight to the point y conciso, mejor.

WHERE WILL YOU BE STAYING?

We've booked a hotel in Miami Beach.
I'll be staying with friends in Malibu.
My accommodation is at the Hilton hotel.

Da todos los detalles necesarios, como el nombre del hotel o la calle de la casa donde te hospedas.

HOW MUCH CURRENCY ARE YOU CARRYING WITH YOU?

I have $1,000 in cash.
I'm carrying $500 in local currency.
I also have $1500 on my credit card.

Es importante ser específico.

WHO PACKED YOUR BAGS?

I packed them myself.

It might seem like an odd question to ask, pero es importante que la respondas sin dudar. Si no, es probable que registren tu maleta.

DO YOU HAVE ANYTHING TO DECLARE?

No, I don't have any items to declare.
I have nothing to declare.

OJO
Watch out!

los agentes de aduanas

RECUERDA QUE ESTO NO ES UN OFFICIAL LANGUAGE TEST, ASÍ QUE FUERA NERVIOS. PIENSA QUE THE CUSTOMS STAFF HACEN LAS MISMAS PREGUNTAS MILES DE VECES AL DÍA Y NO LES IMPORTA TU NIVEL DE INGLÉS NI LOS ERRORES QUE COMETAS. ¡LO IMPORTANTE ES ENTENDERSE!

Sigamos con el orden lógico de los acontecimientos. Después de volar, lo más normal es que llegues al hotel, am I right? ¡Pues vamos con una ronda de truquitos para sobrevivir a ese momento!

At the hotel check-in

Probablemente la conversación en inglés que tengas con the receptionist sea algo así:

> Good evening! I have a reservation **under** the name of María Speaks English.

En inglés decimos que tenemos una reserva «bajo el nombre» de alguien.

> Thank you. May I please see your identity card?

> Sure.

> Thank you. We have you booked for three nights in a double room. Is that correct?

> Yes, that's correct.

> Wonderful. Here's your room key, and your room number is 210, you are on the second floor. You can access the elevator just around the corner. Also, our breakfast is served from 7 am to 11 am in the **dining area**.

comedor

> Thank you. What time is check-out?

> Check-out is at 11 am, but if you need more time, please let us know in advance.

> Alright, thank you for your help!

99

¿SABÍAS QUE EN INGLÉS LAS PLANTAS DE UN EDIFICIO SON DIFERENTES SEGÚN ESTÉS EN EL REINO UNIDO O ESTADOS UNIDOS?

building floors

TAKE NOTE!

BRITISH ENGLISH		AMERICAN ENGLISH
SECOND FLOOR		THIRD FLOOR
FIRST FLOOR		SECOND FLOOR
GROUND FLOOR		FIRST FLOOR

Let's do some sightseeing!

¡Vayamos por partes!

Let's take it one step at a time! Lo más importante cuando hacemos turismo en una nueva ciudad es, por supuesto, not getting lost. Jamás me lo perdonaría, my dear. ¿Qué clase de truquitos te estaría dando entonces? Tú no te agobies, si alguna vez necesitas pedir indicaciones en inglés, puedes decir:

¡No perderse!

Don't sweat!

Excuse me, can you tell me how to get to the National History Museum?
Perdone, ¿me dice cómo llegar al Museo Nacional de Historia?

How do I get to the nearest bus stop from here?
¿Cómo llego a la parada de autobús más cercana desde aquí?

I'm looking for the Main Square. Can you tell me the way?
Estoy buscando la Plaza Mayor. ¿Me indica el camino?

What's the best route to Covent Garden?
¿Cuál es la mejor manera de llegar a Covent Garden?

Is this the right way to the train station?
¿Se llega por aquí a la estación de tren?

cool!

Bueno, también tendremos que saber qué nos contestan, ¿no?
Lo más probable es que escuches algunas de estas expresiones:

IF YOU JUST GO STRAIGHT ON MAIN STREET, YOU'LL GET THERE QUICKER.

TURN LEFT AT THE NEXT CORNER AND YOU'LL SEE THE SUPERMARKET.

TURN RIGHT TOWARDS THE TRAFFIC LIGHTS.

WE WALKED ALONG THE ROAD TRYING TO FIND A BAR.

JUST GO ACROSS THE STREET AND TURN LEFT AT THE CORNER.

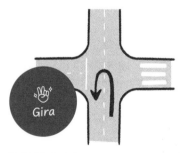

I TURNED AROUND AND BEGAN TO WALK IN THE OPPOSITE DIRECTION.

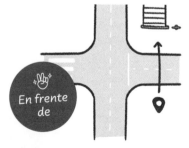

SHE LIVES OPPOSITE/ACROSS FROM THE SUBWAY STATION.

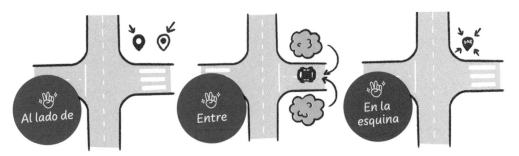

Al lado de

THE CAR WAS PARKED
IN THE PARKING LOT
NEXT TO THE HOTEL.

Entre

MY CAR IS BETWEEN
THOSE TWO TREES.

En la esquina

THE BEST PUB IN
TOWN IS RIGHT ON THE
CORNER.

A la vuelta de la esquina

YOU'LL FIND THE STORE
AROUND THE CORNER.

Pasa

GO PAST THE SUPERMARKET
AND YOU'LL SEE THE STORE.

· ·

Truqui/to

EXPERTO

Soy fan de los pequeños detalles, you know? Esos que te hacen diferenciar los matices en inglés y tener una visión mucho más experta del idioma.
Por eso, te pregunto:

nuances

> ¿QUÉ DIFERENCIA HAY ENTRE *IN THE CORNER*,
> *ON THE CORNER* Y *AT THE CORNER?*
> *EASY PEASY, LEMON SQUEEZY!*

¡Es muy
facilito!

En español, diferenciamos entre un **rincón** (en el interior) y una **esquina** (en el exterior). En inglés, solo existe la palabra corner para ambas, así que se diferencian con la preposición:

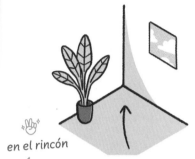

en el rincón

THE BOOKSHELF IS IN THE CORNER OF OUR BEDROOM.

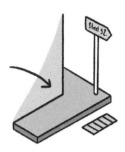

SHE'S WAITING FOR YOU ON THE CORNER OF THE STREET.

en la esquina

lo gracioso

The funny thing es que también podemos decir at the corner para referirnos a una esquina, solo que la localización varía un poco:

YOU'LL SEE ME WAITING FOR YOU ON THE CORNER OF THE STREET.
Estás en la esquina en sí.

WE PULLED OVER AT THE CORNER AND SHE GOT OUT OF THE CAR.
No se refiere a la esquina en sí, sino cerca de ella.
Es más general, en las inmediaciones.

hacer una parada con el coche

love it!

Este verso es de la canción "The Man Who Can't Be Moved", del grupo The Script. Nos cuenta que el prota se quedará esperando a su amada en la misma esquina donde se conocieron. Escúchala para visualizar mejor este uso de "on".

on foot

LA VERDAD ES QUE A MÍ ME GUSTA CAMINAR, PERO RECORRERTE TODO LONDRES A PIE... ¡VERÁS QUE NO HACE TANTA GRACIA! PARA ORIENTARTE Y SABER QUÉ MEDIO DE TRANSPORTE USAR, PRUEBA A DECIR:

BUS

Is this the right bus to get to the city center?
¿Este bus va al centro?

How often do these buses run?
¿Cada cuánto pasa este bus?

Could you please let me know when we reach Times Square?
¿Me puede avisar cuando lleguemos a Times Square?

What is the schedule for the night bus service?
¿Cuál es el horario de los autobuses nocturnos?

Is there a night bus to Picadilly?
¿Hay autobuses nocturnos a Picadilly?

- -

METRO

Which line do I take to get to Greenwich?
¿Qué línea cojo para llegar a Greenwich?

How many stops are there to Liverpool Street from here?
¿Cuántas paradas hay hasta Liverpool Street desde aquí?

Is this the right platform for the Jubilee line?
¿Este es el andén para la línea Jubilee?

Do I need to change trains to reach Trafalgar Square?
¿Tengo que cambiar de tren para llegar a Trafalgar Square?

- -

TRAIN

What platform does the train to Bath depart from?
¿Desde qué andén sale el tren a Bath?

Does this train stop at Manchester Main Station?
¿Este tren para en la estación de Manchester?

Is this the right train for Brighton?
¿Este tren va a Brighton?

How long is the journey to Bristol from here?
¿Cuánto tardamos en llegar a Bristol?

Esta expresión quiere decir «¡Haz una pose!» y la aprendí en la canción "Vogue", de Madonna.

Strike your pose!

Un simple selfie puede ser suficiente.

En la mayoría de ocasiones, a simple selfie might do. Si no, ¡que se lo digan a Kim Kardashian! Pero otras veces queremos una proper picture, una foto hecha en condiciones. ¡Toca pedírsela por la calle a alguien que no conocemos!

Por eso aquí viene un typical mistake de esos que tenemos que dejar locked en el famoso...

✦ THE NEVER AGAIN CORNER ✦

Lo primero que se nos viene a la cabeza es

Cuando pedimos que nos hagan una foto en inglés, the first thing that comes to our mind is...

CAN YOU TAKE ME A PICTURE?

Te van a entender si lo preguntas así, es verdad. Pero tienes que saber que es un calco del castellano tan grande como una catedral. Lo más natural es decir:

COULD YOU TAKE MY PICTURE?
COULD YOU TAKE A PICTURE OF ME?
COULD YOU TAKE A PICTURE FOR ME?

At the hotel check-out

Lo más normal es que, cuando dejes
tu habitación de hotel, necesites que te guarden
el equipaje hasta que sea la hora de coger el avión
de vuelta a casa. Take a deep breath, calm down and ask:

Can I leave my luggage here
for a few hours until I get my flight?
¿Puedo dejar aquí mi equipaje
unas horas hasta que coja mi vuelo?

Is it possible to store my bags
here for the day even though
I've checked out?
¿Podría dejar mis maletas
aquí durante el día aunque
ya haya dejado la habitación?

Make sure to keep
the baggage claim ticket!
¡No pierdas el resguardo!

Your journey to Living la vida English

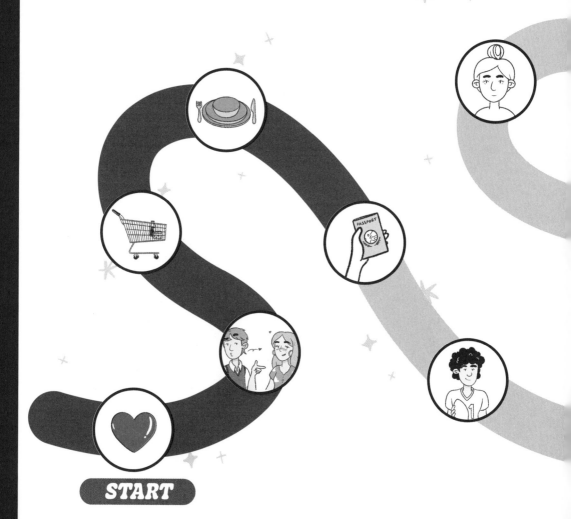

START

Living la vida English

¿Cuál es tu nivel de vidilla alcanzado?

☆ ☆ ☆ ☆ ☆

Excellent

6.
THE
COOL KID
AT SCHOOL

The cool kid at school

El más guay del cole

AY, LOS *SCHOOL DAYS*... ¡QUÉ NOSTALGIA Y QUÉ ALIVIO
SIENTO CUANDO PIENSO EN ELLOS!

CÓMO SE ECHAN DE MENOS AQUELLOS DÍAS EN LOS QUE
LA ÚNICA PREOCUPACIÓN QUE TENÍAS ERA SI HABÍAS HECHO
BIEN EL *HOMEWORK* O AQUEL PROBLEMA DE MATEMÁTICAS
IMPOSIBLE DE RESOLVER.
AW, MY DEAR, THE GOOD OLD DAYS!

DESPUÉS, LLEGÓ EL *ADULTING* Y OTROS MUCHOS
TEMAS EN LOS QUE PENSAR, COMO PAGAR EL ALQUILER
Y APRENDER INGLÉS, *AMONG OTHER THINGS.*

entre otras cosas

POR OTRO LADO, SIENTO UN POCO DE *RELIEF.*
¿NO TE PASABA QUE EN EL INSTI LOS TÍPICOS ROLES
YA ESTABAN ESTABLECIDOS?
HOW LAME! A LO TYPICAL AMERICAN STYLE:

¡Qué pereza!

THE JOG
El deportista

THE NERD

El empollón

THE DIVA

La diva

THE TEACHER'S PET

El pelota de la clase

THE REBEL

El rebelde

THE POPULARS

Las populares

THE SLACKER

El vago

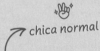
chica normal

DESPUÉS ESTABA YO, LA AVERAGE GIRL QUE ESTABA LOCA POR EL INGLÉS Y POR LAS NUEVAS CANCIONES DE HANNAH MONTANA. THAT'S LIFE!

No me imaginaba.

LITTLE DID I KNOW POR AQUEL ENTONCES QUE EN REALIDAD SER ASÍ SERÍA LO COOL UNOS AÑOS DESPUÉS. ASÍ QUE, MY DEAR, FUERA CUAL FUERA TU EXPERIENCIA EN EL COLE, A PARTIR DE AHORA SOMOS TODOS THE COOL KIDS AT SCHOOL!

IT COULDN'T BE OTHERWISE, CON TODOS LOS TRUQUITOS QUE VAMOS A APRENDER EN ESTE CAPÍTULO...

No podría ser de otra forma.

Revise the basics

In the school days aprendemos muchísimas cosas, pero te aseguro que los truquitos que vamos a ver en todo este capítulo son de esos que no vemos en el cole. Vamos a aprender:

- El school system anglosajón.
- Qué tipos de colegios hay en UK.
- Cómo hacer cuentas matemáticas en inglés.
- Mistakes you will not make again!
- Mucho vocabulary de la classroom.
- Cómo pedir material de clase.

Sounds good, right?

. . . .

PERO, ANTES, QUIERO EMPEZAR COMPARTIENDO CONTIGO UNO DE LOS TRUQUITOS MÁS BASICS PERO A LA VEZ MÁS IMPORTANTES QUE VAMOS A VER. MY DEAR.

¡NADA DE LLAMARLE TEACHER A TU PROFESOR O PROFESORA!

My point being that sí que es tu teacher, pero cuando te diriges a ella o a él para hacerle una pregunta, por ejemplo, no decimos:

Lo que quiero
decir es...

TEACHER, I DON'T UNDERSTAND!

En su lugar, diríamos:

MR. BROWN,
I don't understand!

SE USA PARA DIRIGIRNOS A HOMBRES Y SE PRONUNCIA [míster].

MRS. SMITH,
I don't understand!

SE USA PARA DIRIGIRNOS A MUJERES CASADAS Y SE PRONUNCIA [misiz].

MISS GOMEZ,
I don't understand!

SE USA PARA DIRIGIRNOS A MUJERES SOLTERAS Y SE PRONUNCIA [mis].

SI NO SABES SI ESTÁ CASADA O NO, PUEDES USAR MS., QUE SE PRONUNCIA [miz] CON S SONORA.

ESTO PUEDE DEPENDER TAMBIÉN DE LA CONFIANZA QUE TENGAS CON TU ENGLISH TEACHER. EN MUCHAS OCASIONES, TAMBIÉN TE PUEDES DIRIGIR A ÉL O ELLA POR SU NOMBRE Y LISTO.

AHORA, LET'S DIVE INTO THE SCHOOL WORLD IN ENGLISH!

The school system

Aunque ambos hablan el mismo idioma, el Reino Unido y Estados Unidos tienen un school system algo diferente. Take note!

THE STATES

THE UK

FASE	CURSO	EDAD	CURSO	FASE
Middle School	6th grade	11-12	Year 7	Secondary Education
Middle School	7th grade	12-13	Year 8	Secondary Education
Middle School	8th grade	13-14	Year 9	Secondary Education
High School	9th grade (también llamado Freshman year)	14-15	Year 10	Secondary Education
High School	10th grade (también llamado Sophomore year)	15-16	Year 11	Sixth form
High School	11th grade (también llamado Junior year)	16-17	Sixth form /Lower sixth	Sixth form
High School	12th grade (también llamado Senior year)	17-18	Sixth form /Upper sixth	Sixth form

En Estados Unidos se sigue considerando "high school"; el "junior year" es nuestro primero de bachillerato y el "senior year", nuestro segundo de bachillerato.

Como ves, en el Reino Unido los dos últimos años de estudio antes de la Universidad se llaman "sixth form", que equivale a nuestro bachillerato. El "lower sixth" es el primero de bachillerato y "upper sixth", nuestro segundo.

Una vez acabado el bachillerato, en Estados Unidos te presentas al SAT y, en el Reino Unido, a los A LEVELS, que es el equivalente a nuestra selectividad en España, pues son los exámenes de admisión a la universidad.

SABES QUE DE TODA LA VIDA EXISTEN LOS COLEGIOS PÚBLICOS Y LOS PRIVADOS, ¿VERDAD? PUES EN ELREINO UNIDO LA COSA ES UN POCO MÁS TRICKY DE ENTENDER.

complicada

IT TURNS OUT THAT IN THE UK, PUBLIC MEANS PRIVATE! LET ME EXPLAIN.

Resulta que...

EN SU SISTEMA DE EDUCACIÓN, ESTÁN LOS PUBLIC SCHOOLS, LOS STATE SCHOOLS Y LOS PRIVATE SCHOOLS. PERO ¡FÍJATE QUÉ CURIOSO!

STATE SCHOOLS

Son los **colegios públicos** de toda la vida, están financiados por el gobierno y siguen el currículum nacional.

PRIVATE SCHOOLS

Son **colegios privados** al uso y también se suelen llamar independent schools. No reciben dinero del gobierno y son de pago.

PUBLIC SCHOOLS

Estos colegios son los más **prestigiosos** de todo el Reino Unido. Son colegios privados, ya que son de pago, y suelen tener una larga historia y reputación.

Let's do the math!

La verdad es que yo no era de mates. Numbers? They make me dizzy!
Pero sí que es cierto que en su día no me habría venido mal
conocer los nombres de los mathematical signs en inglés.
No te miento, ¡lo aprendí ya de grande!

Los números me marean.

SÍMBOLO	CÓMO SE LLAMA	CÓMO SE LEE
+	Plus sign/addition sign	Three **plus** five equals eight (3+5=8).
−	Minus sign /subtraction sign	Seven **minus** three equals four (7−3=4).
×	Multiplication sign	Seven **times** four equals twenty-eight (7×4=28).
: or / or ÷	Division sign	Ten **divided by** two equals five (10:2=5).
=	Equals sign	Thirty divided by three **equals** ten (30:3=10).
.	Point	Three **point** five (3.5)
%	Percentage sign	Ten **percent** (10%)
<	Strict inequality	4 < 5 4 is **less than** 5.
>	Strict inequality	5 > 4 5 is **greater than** 4.
a^b	Power	23 = 8 Two **raised by the power of** three equals eight or two to **the power** three equals eight.
$\sqrt{4}$	Square root	$\sqrt{4}$ =2 The **square root of** four equals two.

¿Qué tal? ¿Todo crystal clear? Espero que esta tabla que te he preparado con todo mi love te haya ayudado a entender mejor los símbolos matemáticos en inglés. Pero, oye, si tienes alguna pregunta en clase, así es como **NO** tienes que hacerla:

TEACHER, I HAVE A DOUBT!

Elementary, my dear Watson.
Nos encontramos con otro caso de calco directo del castellano
y un nuevo miembro del

 NEVER AGAIN CORNER.

Es cierto que los hispanohablantes solemos decir «tengo una duda» cuando queremos hacer una pregunta sobre algo que no entendemos en clase, but the most natural English way is:

Miss Rodriguez, I have a question!

Si dices I have a doubt, se entiende más como una duda existencial,
no una pregunta típica de clase. Just so you know!

¡Para que lo
sepas!

YA QUE ESTAMOS, TAMBIÉN HAY OTRAS FORMAS DE PREGUNTAR EN CLASE:

I'm not quite sure I understand, could you please explain that again?
Creo que no lo he entendido, ¿podrías explicarlo de nuevo?

YA SABES QUE SOY SUPERMEGAFAN DE DARLE VIDILLA A TU INGLÉS,
ASÍ QUE EN LUGAR DE REPETIR SIEMPRE EL TÍPICO I DON'T UNDERSTAND,
SORPRENDE A TU TEACHER Y DI:

I'm sorry, I'm not following.
Lo siento, no te sigo.

....

Sorry, I missed that.
Perdona, eso no lo he entendido.

....

I didn't catch that.
No lo he pillado.

....

What do you mean by that?
¿Qué quieres decir con eso?

....

Could you run that by me one more time?
¿Me lo repites?

120

love it!

What's in my classroom?

Justo el otro día pensaba: «Mucho sacapuntas y lápiz, pero ¿por qué nunca supe cómo decir «escuadra» y «cartabón» en inglés? ¿Y «portaminas»?». True story! Son los pensamientos que tiene una a las dos de la madrugada, toss and turning!

dando vueltas en la cama sin poder dormir

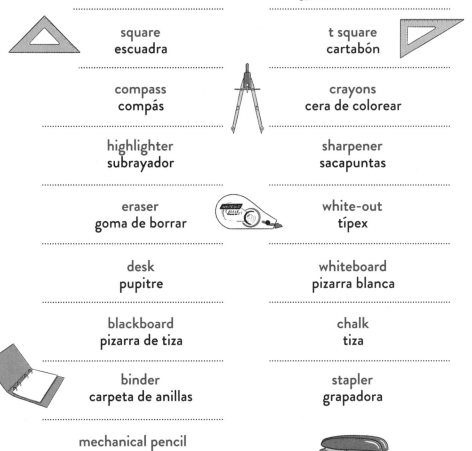

square **escuadra**	t square **cartabón**
compass **compás**	crayons **cera de colorear**
highlighter **subrayador**	sharpener **sacapuntas**
eraser **goma de borrar**	white-out **típex**
desk **pupitre**	whiteboard **pizarra blanca**
blackboard **pizarra de tiza**	chalk **tiza**
binder **carpeta de anillas**	stapler **grapadora**
mechanical pencil **portaminas**	

COMO HEMOS VISTO, «GOMA DE BORRAR» EN INGLÉS SE DICE *ERASER*.
PERO VAMOS A AMPLIAR UN POQUITO LA INFORMACIÓN, JEJE.

ERASER ES UNA GOMA EN ESTADOS UNIDOS, EN REINO UNIDO
SE LE LLAMA *RUBBER*. AHORA BIEN, JAMÁS DE LOS JAMASES
SE TE OCURRA PEDIR EN ESTADOS UNIDOS UNA *RUBBER*,
PORQUE SE VAN A REÍR *IN YOUR FACE*.

Why?

¡¡¡PORQUE ASÍ ES COMO SE LES LLAMA ALLÍ A LOS PRESERVATIVOS!!!

YO YA TE HE AVISADO...

Por cierto, ya que estábamos hablando de materiales, no me digas que tú
eras de los típicos que siempre perdían la goma o el pegamento... ¡Porque
yo también! Vaya, que estaba todo el día en plan:

Hey, **can you pass me** the pencil sharpener?
Oye, ¿me pasas el sacapuntas?

Could you **hand me** the ruler, please?
¿Me das la regla, por favor?

Do you have a **spare** pen?
¿Te sobra un boli?

*"Spare" quiere decir
«de sobra», algo que
tengas pero no vayas
a utilizar.*

I'm out of crayons. Can I **use** yours?
Se me han acabado las ceras. ¿Puedo usar las tuyas?

Welcome to School Land

Sabemos de sobra que en un colegio están las classrooms de toda la vida, pero ¿qué me dices del resto de las instalaciones?

schoolyard	patio de recreo	*El recreo en sí se dice "recess".*
corridors	pasillos	
the teachers' room	sala de profesores	
Principal's office	oficina del director o directora	
school cafeteria	comedor	
auditorium	salón de actos	
detention	aula de castigo	*Puede que no sea muy común en España, pero esta aula en Estados Unidos es donde normalmente se quedan los alumnos castigados después de clase.*
sports field	campo de deporte	

¿Eras de los students que siempre estaban castigados?
Te cuento un secreto: a mí alguna que otra vez me castigaron por:

BEING LATE.
TALKING TOO MUCH DURING CLASS.

Aquí tienes otros motivos por los que
you can be sent to detention:

→ por los que pueden
castigarte

saltarse ← *DITCHING SCHOOL.*
clases

CHEATING ON A TEST. → copiar en un
examen

DEFACING SCHOOL PROPERTY. ←
dañar las
instalaciones

BEING RUDE TO THE TEACHER. →
ser maleducado
con el teacher

· ·

Por otro lado, yo era de las que me lo pasaba muy bien during recess. → durante el
recreo
Aunque being completely honest, recuerdo que llegó un momento en el que
me sentaba con mi grupo de amigas a chit-chatting a little bit y dejé de jugar
a esos juegos tan iconic que todo el mundo recuerda.

→ a darle un poco al
pico con la charla

Así que vamos a ver cuáles eran esos juegos... ¡en inglés!

HIDE AND SEEK

El escondite

One player, known as "it", counts while the others hide. Then, "it" seeks out the other players and finds them.
En castellano decimos que alguien «se la queda» o «se la liga» cuando es quien busca en el escondite. En inglés se dice: You're it! ¡Te la quedas!

TAG

El pilla-pilla

One player is "it" and chases the other players trying to touch them to make them "it". The game continues until all players have been "tagged".

STATUES

El pollito inglés

One player is the "guardian" and the others are "statues". When the guardian turns their back, the statues try to move closer to a designated spot. If the guardian sees them move, the statues freeze. The goal is to reach the spot without being caught moving.

EENY, MEENY, MINY, MOE

Pito, pito, gorgorito

Para elegir a it, el que se la queda, ¿recuerdas que siempre cantábamos el «pito, pito, gorgorito»? ¡Mira cómo es en inglés!

EENY, MEENY, MINY, MOE,
CATCH A TIGER BY THE TOE.
IF HE HOLLERS, LET HIM GO,
EENY, MEENY, MINY, MOE.

PITO, PITO, GORGORITO,
¿A DÓNDE VAS TÚ TAN BONITO?
A LA ERA VERDADERA,
PIN, PON, FUERA.
TÚ TE LA QUEDAS.

 grita

MY MOTHER TOLD ME TO PICK
THE VERY BEST ONE AND YOU – ARE – IT!

En castellano hay muuuchas versiones de esta rima. ¡Esta es la que cantaba yo!

125

Your journey to Living la vida English

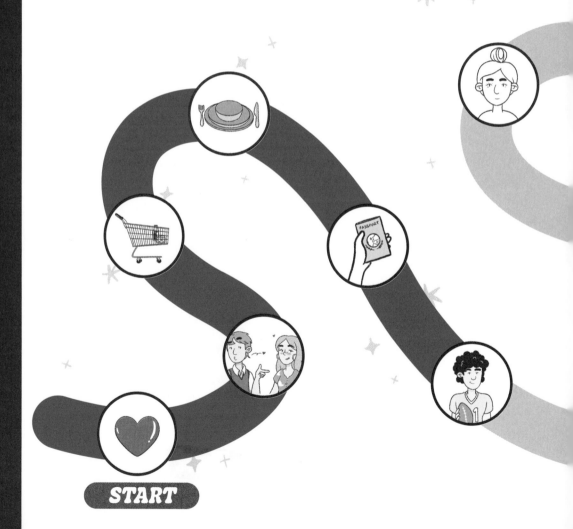

START

Living la vida English

¿Cuál es tu nivel de vidilla alcanzado?

☆ ☆ ☆ ☆ ☆

7.
SHOP 'TIL YOU DROP!

Shop 'til you drop!

¡Comprar hasta no poder más!

LA PRIMERA VEZ QUE HABLÉ OFICIALMENTE EN INGLÉS CON UNA PERSONA INGLESA NATIVA FUE CON UN DEPENDIENTE DE HARRODS, LOS FAMOSOS ALMACENES LONDINENSES. *MY DEAR,* TE ASEGURO QUE AQUELLA INCÓMODA INTERACCIÓN *LIVES IN MY HEAD RENT-FREE.*

Cuando en inglés de forma coloquial decimos que algo "lives in your head rent-free", queremos decir que no te olvidas de ello, que vive en tu cabeza «sin pagar alquiler».

a teddy bear

dependiente

YO ACABABA DE COMPRAR UN OSO DE PELUCHE PARA TENERLO
DE RECUERDO (TENÍA DOCE AÑOS, VALE) Y EL SUPERAMABLE *CLERK*
ME PREGUNTÓ CON UN *COCKNEY ACCENT:*

So, would you like a bag or a box with it?

El acento cockney, de
la zona del East End
londinense, es uno de los
más pintorescos del inglés
(que se lo pregunten a
nuestra querida Adele).

MY MIND FROZE. ¿QUÉ ME ESTABA DICIENDO? AQUELLO QUE PARECÍA FÁCIL
DE ENTENDER A MÍ ME SONÓ A:

*Se me congeló
la mente.*

WAYULAI A BAKOR BAX WI IT?

NO ME ESCONDO, LE PEDÍ QUE ME LO REPITIERA CUATRO VECES SEGUIDAS
HASTA QUE LO ENTENDÍ. CUANDO LO HICE, LE RESPONDÍ UN SIMPLE:

A bag, please.

*en la cima del mundo,
lo juro*

ME SENTÍ *ON THE TOP OF THE WORLD, I SWEAR.* AUNQUE ME COSTÓ,
AQUELLA FUE LA PRIMERA VEZ QUE ME HICE ENTENDER EN INGLÉS.
A PARTIR DE ENTONCES, SABRÍA QUÉ ESPERAR CUANDO FUESE A PAGAR
A LA CAJA. A PARTIR DE AQUEL MOMENTO, *I WAS READY!*

ASÍ QUE ESO ES LO QUE QUIERO QUE TE OCURRA
CUANDO ACABES ESTE CAPÍTULO. *FROM NOW ON,*
ESTARÁS MÁS QUE *READY* PARA IR DE COMPRAS
EN INGLÉS Y SABER CÓMO MANEJARTE EN CUALQUIER SITUACIÓN.

a partir de ahora

Revise the basics

Saquemos a nuestra Paris Hilton interior. Vas a saber desenvolverte mejor que ella en Louis Vuitton, promise! No exagero, mira todo lo que vamos a aprender en este capítulo:

- Cómo hablar del money-money en inglés.
- Cómo pedir ayuda en una tienda.
- Cómo preguntar por tallas o cambios.
- Tipos de shoes and clothes.
- ¿Desabrochar? ¿Subir la cremallera? ¿Cerrar un collar? Easy peasy!
- ¿Es una ganga o un timo?
- Qué esperar en el checkout.
- Adjetivos para describir un producto dañado.
- Vocabulario para hacer devoluciones.

Pero, antes de todo, hablemos de lo principal. Vamos a aclarar todo lo relacionado con el tema de los prices. ¿Cómo vamos a darle vidilla a la cosa sin antes saber cómo leer un precio en inglés? ¿O cómo vamos a hablar de las monedas? Basic stuff!

EN PRIMER LUGAR, ASÍ SE PREGUNTA CUÁNTO VALE ALGO DE FORMA NATURAL:

How much is this?
¿Cuánto es?

How much does this cost?
¿Cuánto cuesta?

How much do I owe you?
¿Cuánto le debo?

Ten en cuenta que en inglés hay dos formas de decir «moneda». Tenemos la palabra currency, que se refiere al tipo de moneda (euro, dólar, libra...) y la palabra coin, que se refiere literalmente a la moneda de metal.

¿Y cómo llamamos a las moneditas?

En UK existe también el penny (penique), que es una moneda de un centavo.

$ DOLLAR

cent

€ EURO

cent

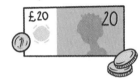

£ POUND

pence

Truquiito
EXPERTO Number 1

En el Reino Unido, tienen su propio slang para hablar de sus notes. ¿Lo conocías?

En Estados Unidos usamos "bucks", que es la forma coloquial de referirse a los dólares.

Recuerda que para referirnos a un billete, en inglés estadounidense decimos "bill" y en inglés de UK decimos "note".

QUID

Otra forma coloquial de llamar a las libras.
THE BOOK IS TEN QUID.

El libro cuesta diez libras.

A FIVER

Un billete de cinco libras.
DO YOU HAVE A FIVER?

¿Tienes un billete de cinco libras?

TENNER

Un billete de diez libras.
CAN YOU LEND ME A TENNER?

¿Me prestas un billete de diez?

A GRAND

Mil libras.
MY CAMERA COST ME THREE GRAND.

La cámara me costó tres mil libras.

How do we read prices in English?
¡Pues hay dos formas de hacerlo!

£5.95

LA FORMA LARGA: 'IT'S FIVE POUNDS AND NINETY FIVE PENCE.

LA FORMA EASY PEASY: IT'S FIVE NINETY FIVE.

Truqui*i*to
EXPERTO Number 2.

Si el precio tiene cuatro cifras y estas dos últimas son un cero, se puede leer también de dos formas distintas:

Aunque gramaticalmente no sea correcto, esta forma se usa muchísimo, sobre todo en US.

 1200$

 1500$

IT'S ONE THOUSAND TWO HUNDRED DOLLARS.
IT'S TWELVE HUNDRED DOLLARS.

IT'S ONE THOUSAND FIVE HUNDRED DOLLARS.
IT'S FIFTEEN HUNDRED DOLLARS.

I TOLD YOU! PARECÍA ALGO BÁSICO Y FÁCIL, PERO ¿HAS VISTO LA DE TRUQUITOS QUE SE PUEDEN SACAR DE TODO ESTE TEMA DE LOS PRECIOS EN INGLÉS? *IT'S NEVER ENDING!*

¡No acaba!

AHORA QUE HEMOS ASENTADO LAS BASES, *LET'S GO STEP BY STEP.* VAMOS A APRENDER UNOS TRUQUITOS ÚTILES PARA IR DE COMPRAS DESDE QUE ENTRAS POR LA PUERTA DE LA TIENDA HASTA QUE SALES DE ELLA.

Truqui/to

EXPERTO

¿TIENDA SE DICE SHOP O STORE? BUENO, ¡DEPENDE DE DÓNDE ESTÉS!

EN ESTADOS UNIDOS SE USA MÁS STORE Y SE REFIERE A CUALQUIER TIENDA EN GENERAL, MIENTRAS QUE SOLO SE USA SHOP PARA HABLAR DE UN NEGOCIO PEQUEÑO DONDE VENDEN ALGO EN PARTICULAR.

POR EL CONTRARIO, EN EL REINO UNIDO SE USA SHOP PARA REFERIRSE A CUALQUIER TIENDA, Y STORE SOLO CUANDO HABLAN DE UN LUGAR MÁS GRANDE, COMO UN CENTRO COMERCIAL.

Do you need help?

Cuando entras en una tienda, es muy probable que se acerquen a ti para ofrecerte ayuda, así que be ready porque escucharás alguna de estas frases:

How can I help you?
¿Cómo puedo ayudarle?

May I help you?
¿Le ayudo?

Is there anything I can help you with?
¿Puedo ayudarle en algo?

What can I do for you?
¿Qué puedo hacer por usted?

Are you looking for anything in particular?
¿Busca algo en particular?

And let's be honest, el 99 % de las veces solo estamos mirando y queremos que nos dejen do our own thing. Para ese momento en el que no quieres sonar rude, pero quieres un poco de tranquilidad, puedes decir:

ir a nuestro
rollo

NO, THANKS, I'M JUST BROWSING.
NO, THANKS, I'M JUST LOOKING.
NO, THANKS, I'M JUST LOOKING AROUND.

¡Y quedas como la English queen o el English king que eres!

Pero, si por el contrario tienes alguna pregunta,
pasaría algo parecido a esto:

Is there anything I can help you with?

Hello, I'm **looking for** a dress for a special occasion.

Great! **Who is it for?** And what size are you looking for?

It's for my daughter's graduation. She's a size 8.

Congratulations to your daughter! **What sort of price do you have in mind?**

I'd like to **stay within $100** if possible.

Certainly! **I think that we may have just the item for you!**

It looks amazing! **Could she try it on?**

Of course. The **fitting rooms** are right next to the checkout!

Los probadores. También escucharás "dressing rooms".

We also have a **matching** clutch that would go well with the dress. Let me check if we **have them in stock.**

Lo tenemos disponible.

An English guide to shoes

¿Somos conscientes de la cantidad de zapatos que existen en inglés? ¡Mira, mira, que no te miento!

flats	manoletinas
flip flops	chanclas
wedges	cuñas
sandals	sandalias
slippers	zapatillas de estar por casa
stiletto	tacón de aguja
boots	botas
loafers	mocasines
ankle boots	botas tobilleras
knee-high boots	botas altas hasta la rodilla
Chelsea boots	botines chelsea
Oxfords	zapatos de traje
sneakers (US)/ trainers (UK)	zapatillas de deporte

An English guide to clothing

Same thing happens with clothes! Como hay tantísimos tipos de ropa, aquí te van los más comunes en inglés:

Careful! Si dices "pants" en Reino Unido estarías diciendo «ropa interior», ¡no «pantalones»!

shirt	camisa
jacket	chaqueta
pants (US)/trousers (UK)	pantalones
sweater (US)/jumper (UK)- jersey	jersey
coat	abrigo
T-shirt	camiseta
suit	traje
dress	vestido
blouse	blusa
skirt	falda
shorts	pantalones cortos
raincoat	impermeable

En inglés existe la expresión "wear your birthday suit", pero no tiene nada que ver con un traje de cumpleaños, sino que se traduce por la expresión «como Dios te trajo al mundo». ¿Lo sabías?

Cool!

At the fitting room

En el probador es donde all the magic happens. Ese momento decisivo en el que eliges si esa falda tan mona y tú sois mean to be o mejor os decís bye-bye, crocodile. Estos truquitos te van a ser de ayuda para poder decidirte:

How does it fit?
¿Cómo lo ves de talla?

I think **it fits you perfectly!** ¡Es tu talla!

I think you might need a smaller size.

Does it suit me?
¿Me sienta bien?

It suits you well! ¡Te queda genial!

Why don't we try another color?

How does it look?
¿Cómo me queda?

It looks great on you!

Creo que te queda un poco estrecho.

I think it looks a bit too tight. Why don't we go for a bigger size?

Need some extra help?

Si alguna vez has ido all alone a probarte ropa, es probable
que hayas tenido que pedirle a alguien que te abroche y
desabroche un botón, que te eche una mano con la corbata,
que te ayude a subir la cremallera porque tú no alcanzas,
que te ayude a cerrar un collar... ¡Qué haríamos sin esas kind souls!
Esto es lo que diríamos en inglés:

almas
caritativas

button **botón**	Could you please help me button up this dress? ¿Me ayuda por favor a abrocharme el vestido? Could you please help me unbutton this dress? ¿Me ayuda a desabrocharme el vestido?

zipper **cremallera**	I can't reach the zipper on the back of this dress. Can you zip it up for me? No alcanzo a la cremallera de la parte de atrás del vestido. ¿Puede subírmela, por favor? Could you help me unzip this dress? ¿Me ayuda a bajar la cremallera de este vestido?

I can't quite reach the clasp on this necklace.
Could you fasten it for me?
No alcanzo al cierre del collar. ¿Me lo podría
abrochar, por favor?

I can't seem to unclasp this necklace.
Could you give me a hand, please?
No logro quitarme el collar.
¿Me echa una mano, por favor?

clasp
cierre de un collar

This belt is a bit tricky.
Could you help me fasten it, please?
Este cinturón es un poco complicado.
¿Me ayuda a abrochármelo, por favor?

This belt is stuck. Can you help me unfasten it?
Este cinturón está atascado.
¿Me ayuda a desabrocharlo?

belt notch
muesca del cinturón

En inglés existe la expresión "be a
notch in someone's belt", que quiere
decir «ser una conquista más».
Por ejemplo: "I don't wanna be just
another notch in your belt"!

I'm not very good with ties.
Can you tie this bow for me?
No se me dan muy bien las corbatas.
¿Me hace el nudo, por favor?

I'm not sure how to untie this tie.
Can you undo it for me?
No me queda claro cómo deshacer el nudo de la
corbata. ¿Me lo puede deshacer, por favor?

tie knot
nudo de la corbata

A bargain or a rip-off?

¡Pero vamos un paso más allá!

¿Una ganga o un timo?

Antes hablábamos de cómo leer los precios en inglés, but let's take a step further! ¿Cómo decimos que esa blusa está de rebajas? ¿O cómo pregunto si me pueden hacer el tax-free? ¿O cómo digo que algo es demasiado caro? No worries, dear, que María está aquí.

CUANDO ALGO ESTÁ BIEN DE PRECIO...

It's good value for money.	Está muy bien de precio.
It's a good price.	Es un buen precio.
It's a great deal.	Es una buena oferta.
It's quite affordable.	Es bastante asequible.
It's a bargain.	Es una ganga.

CUANDO ALGO ESTÁ DE REBAJAS...

It's on sale.	Está de rebajas.
It's on clearance.	Están de liquidación.
It's 10% off the regular price.	Está rebajado un 10%.
If you buy two, you get one free.	Si compras dos, te llevas uno gratis.
Everything is marked down!	¡Todo está rebajado!

143

CUANDO ALGO ES DEMASIADO CARO...

It's quite pricey.	**Es bastante caro.**
It's out of my budget.	**No entra en mi presupuesto.**
I can't afford it.	**No me lo puedo permitir.**
It's way overpriced.	**Es carísimo.**
It's a total rip-off!	**¡Valiente timo!**

RESPECTO AL TAX-FREE...

Pedir el tax-free se refiere a la posibilidad de solicitar que te hagan un reembolso de los impuestos de las compras que hagas en un país extranjero. En el Reino Unido, rellenas un formulario especial y lo enseñas junto con los recibos de compra en aduanas antes de volver a casa. ¡Ahora podrás pedirlo en inglés!

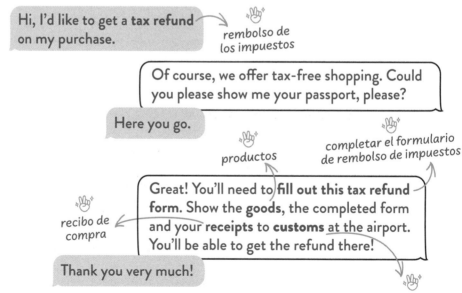

Hi, I'd like to get a **tax refund** on my purchase.
> rembolso de los impuestos

Of course, we offer tax-free shopping. Could you please show me your passport, please?

Here you go.

> productos

> completar el formulario de rembolso de impuestos

Great! You'll need to fill out this tax refund form. Show the **goods**, the completed form and your **receipts** to **customs** at the airport. You'll be able to get the refund there!

> recibo de compra

Thank you very much!

> aduanas

At the checkout...

Cuando estés en la caja...

The time has come! Has pasado una hora en la tienda y toca irse ya. Este es el momento en el que interactúas con the cashier y, en mi caso, la primera vez que me hice entender en inglés como te conté. ¡Así que a hacerlo bien! Pasará algo como esto:

la persona que está en la caja

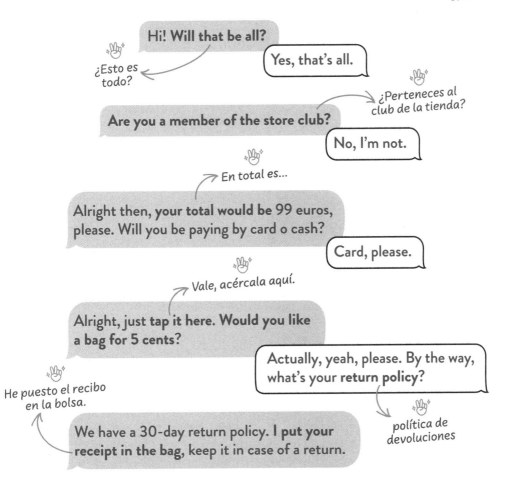

Hi! Will that be all?

¿Esto es todo?

Yes, that's all.

Are you a member of the store club?

¿Perteneces al club de la tienda?

No, I'm not.

En total es...

Alright then, your total would be 99 euros, please. Will you be paying by card o cash?

Card, please.

Vale, acércala aquí.

Alright, just tap it here. Would you like a bag for 5 cents?

Actually, yeah, please. By the way, what's your return policy?

política de devoluciones

He puesto el recibo en la bolsa.

We have a 30-day return policy. I put your receipt in the bag, keep it in case of a return.

¡Esto está roto!

Si, después de comprar una prenda o un producto, tienes la mala suerte de que está roto o en mal estado... ¡toca devolverlo! Pero nada de decir que está broken o bad. ¿Sabías que hay muchas formas de decir que algo está mal en inglés? ¡Vidilla máxima!

chipped
astillado o picado

smashed
hecho pedazos

cracked
rajado (cristal)
o agrietado

scratched
arañado

dented
abollado

stained
manchado

faded
descolorido

torn
rasgado

rusty
oxidado

UNA VEZ QUE PODEMOS SER MÁS *SPECIFIC* A LA HORA DE EXPLICAR QUÉ LE OCURRE A NUESTRA COMPRA, VAMOS A VER QUÉ PODRÍA PASAR EN LA DEVOLUCIÓN:

return

Hi, Madam, do you need any help?

Yes, please. I'd like to return this shirt.

May I ask why you're returning it?

¿Puedo preguntarle por qué lo quiere devolver?

poca calidad

It's super **poor quality**. It's faded and stained, I didn't notice it when I bought it.

Do you have your receipt?

Yeah, here you go.

I'm sorry. This shirt was on sale. **There are no refunds on sale items.** You can exchange it for something else or we can give you a **store voucher**.

un vale de la tienda

No hacemos rembolsos de los artículos en rebajas.

Okay, I'll take the voucher. **How long is it good for?**

It's good for a year.

¿Hasta cuándo dura?

Es válido durante un año.

147

Your journey to Living la vida English

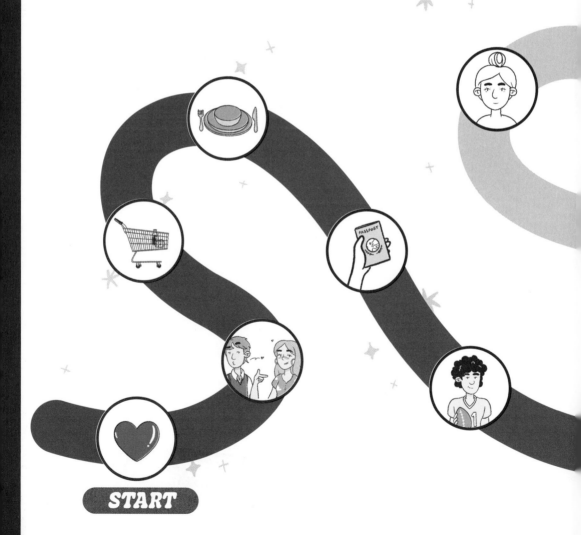

START

Living la vida English

¿Cuál es tu nivel de vidilla alcanzado?

☆ ☆ ☆ ☆ ☆

Excellent

8.
AN APPLE A DAY KEEPS THE DOCTOR AWAY

An apple a day keeps the doctor away

Una manzana al día mantiene al doctor en la lejanía

It's absolutely right!

ESTA EXPRESIÓN TAN CONOCIDA EN INGLÉS «TIENE MÁS RAZÓN QUE UN SANTO», COMO DIRÍA MI ABUELA. ¡QUÉ IMPORTANTE ES ALIMENTARSE BIEN PARA ESTAR *FIT AS A FIDDLE*! AUNQUE LA VERDAD, NO VOY A SER YO QUIEN TE LO DIGA... ME GUSTA MUCHO EL COLACAO.

como un roble

EN CUALQUIER CASO, SI HAY ALGO IGUAL DE IMPORTANTE QUE UNA BUENA ALIMENTACIÓN PARA ESTAR *HEALTHY*, ES SABER QUÉ HACER CUANDO TE SIENTES UN POCO *UNDER THE WEATHER*. ¡Y NO TE HABLO DE SABER QUÉ MEDICINA TOMAR! ESTÁ CLARO QUE EN CASTELLANO NOS RESULTA FÁCIL IR AL MÉDICO, PERO ¿QUÉ HACEMOS CUANDO ESTAMOS EN UN *ENGLISH SPEAKING COUNTRY* Y, *ALL OF A SUDDEN*, NOS DA FIEBRE? ¿Y SI ALGO NOS SIENTA MAL? ¿CÓMO PEDIMOS CITA CON EL MÉDICO?

Cuando te sientes así en inglés, quiere decir que tienes mal cuerpo, que te sientes mal.

de repente

He pasado por ahí.

NO WORRIES, I'VE BEEN THERE. UN VERANO ESTUVE TRABAJANDO EN DINAMARCA (DONDE HABLAN UN INGLÉS *SUPER SUPER GOOD*) Y, *OUT OF THE BLUE*, ME DIO UN DOLOR DE GARGANTA QUE NO ME DEJABA HABLAR. FUE ENTONCES CUANDO TUVE QUE ARREGLÁRMELAS PARA IR AL MÉDICO A QUE ME RECETARA ALGO. AL FINAL, ME TERMINÓ RECOMENDANDO QUE TOMARA MUCHO *GINGER*. Y, OYE, AUNQUE ME QUEDÉ SIN MI PARACETAMOL, ¡ME ENTENDIERON PERFECTAMENTE!

de la nada

fend for myself

jengibre

POR SORPRENDENTE QUE PUEDA PARECER, ¡MI DOLOR DE GARGANTA SE ESFUMÓ! *SURPRISINGLY, MY SORE THROAT WENT AWAY!*

ASÍ QUE, *MY DEAR*, ESTÁS EN BUENAS MANOS. TE ENSEÑARÉ TODOS LOS TRUQUITOS QUE USÉ... *AND MANY MORE!*

Revise the basics

No te voy a mentir...

I'm not gonna lie... ¡Ojalá tardes mucho tiempo en poner a prueba todo lo que vamos a aprender en este capítulo! Fingers crossed. Pero, bueno, si algún día you feel poorly, vas a saber todo esto:

sentirse mal, tener mal cuerpo

- Los tipos de heridas en inglés.
- Cómo describir tus síntomas.
- Cómo pedir cita con el médico.
- Entender sus recetas.
- Qué tipos de medicamentos existen.
- Cómo comprarlos en la farmacia.

. . . .

ANTES DE NADA, QUIERO ASEGURARME DE QUE TE SABES
LO MÁS IMPORTANTE. EN PRIMER LUGAR, TIENES QUE CONOCER
SÍ O SÍ LOS TIPOS DE INJURIES QUE EXISTEN EN INGLÉS.
SI NO, ¿CÓMO TE VAS A HACER ENTENDER?

lesiones

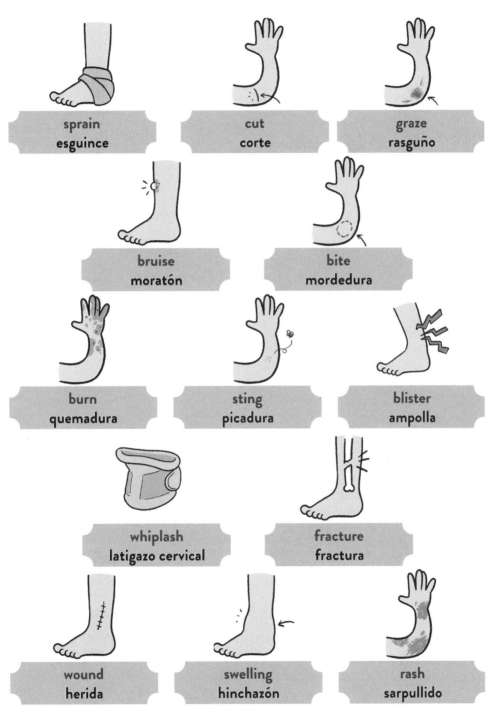

sprain
esguince

cut
corte

graze
rasguño

bruise
moratón

bite
mordedura

burn
quemadura

sting
picadura

blister
ampolla

whiplash
latigazo cervical

fracture
fractura

wound
herida

swelling
hinchazón

rash
sarpullido

En segundo lugar, también tienes que conocer los tipos de pain que existen:

dolor

sore throat	**dolor de garganta**
stomachache	**dolor de estómago**
headache	**dolor de cabeza**
backache	**dolor de espalda**
have a fever	**tener fiebre**
have a cold	**tener un resfriado**
have the flu	**tener la gripe**
have a cough	**tener tos**
have the chills	**tener escalofríos**
have a runny nose	**estar congestionado**

AHORA QUE YA HAS APRENDIDO A IDENTIFICAR QUÉ TE OCURRE Y CUÁLES SON TUS SYMPTOMS, VAMOS A PEDIR CITA CON EL MÉDICO. ARE YOU READY?

Make an appointment with the doctor.

Making appointments

Vamos a echar un vistazo a cómo podrías
pedir cita con el médico en inglés.
Si lo necesitas, apunta todo el vocabulario útil en una libretita.

Hello, I'd like to **schedule an appointment** with a doctor, please. I've been **feeling unwell** lately, and I would like to see a doctor for a **check-up**.

concertar una cita

revisión

sentirse mal

Of course. May I have your full name and date of birth, please?

Sure. It's María Speaks English. I was born on September 21st, 1996.

Thank you. Could you please describe your symptoms in more detail?

dolor de garganta

dolor de cabeza

I've had a **sore throat** and a really bad **headache** for days now. I've tried taking **cough drops** but it's not working.

caramelos para la tos

I'm sorry to hear that. We have availability next week. How about Tuesday at 10:00 AM?

¡Me encuentro supermal!

Couldn't we schedule an appointment for this week? **I feel awful!**

I'm afraid we don't have any availability. However, if you're feeling very poorly, I would recommend going directly to the **emergency room**.

Urgencias

Yeah, I'll do that. Are there any documents I'd need to bring with me?

papeleo

You'll have to do some **paperwork**, don't forget to bring any previous medical records and your **medical insurance details**.

información de tu seguro médico

At the doctor's office

En la consulta del médico

Ahora que ya tienes tu cita, toca verse cara a cara con el médico y explicarle todos tus síntomas, right? ¿Cómo le explicas lo que te sucede? Take note of all these truquitos:

Hi. **What brings you in today?**

¿Qué te trae por aquí?

Well, for the past few days, I've had this **persistent cough** that just won't go away. I also have a **splitting headache** in the mornings...

tos persistente

un dolor de cabeza terrible

I see. Have you noticed any fever or **chills** along with these symptoms?

escalofríos

intermitente

Yes, I've had a fever **on and off**, and there were a couple of nights when I had chills.

fatiga

Are you experiencing any **fatigue** or **weakness**?

debilidad

Yes, I've been feeling quite fatigued, especially in the mornings. And I've noticed that **my appetite has decreased** as well.

Mi apetito ha disminuido.

Given your symptoms, I'd like to order **a blood test to rule out any underlying issues**. Please, come **fasting** in the morning as you shouldn't eat anything before the test.

un análisis de sangre para descartar problemas de base

en ayunas

Thank you, Doctor.

You're welcome. Once we have the test results, we can discuss further steps!

¿HAS TOMADO NOTA? AWESOME! PORQUE AHORA VIENE LO DIVERTIDO, MY DEAR. CLARO, ESTÁ GENIAL PODER EXPLICARLE AL MÉDICO TODOS TUS SÍNTOMAS EN INGLÉS SMOOTHLY, PERO TAMBIÉN HAY QUE PREPARARSE PARA ENTENDER LO QUE NOS RECETA EN INGLÉS. ¿QUÉ TIPO DE PRUEBA ME MANDA HACER? ¿ME RECOMIENDA DESCANSAR O PUEDO HACER VIDA NORMAL? LIKE I ALWAYS SAY... ONE STEP AT A TIME!

Cuando algo ocurre "smoothly", sucede bien y sin problemas.

SEGÚN TUS SÍNTOMAS, THE DOCTOR WILL PROBABLY PRESCRIBE THE FOLLOWING:

El médico te recetará lo siguiente:

antibiotic	antibiótico
pain killer	calmante o analgésico
cough suppressant	antitusivo
antihistamine	antihistamínico
decongestant	descongestivo
antiacid	antiácido
vitamin supplement	suplemento vitamínico
syrup	jarabe

Truquito

CURIOSO

EN INGLÉS VAS A OÍR DOS FORMAS DE LLAMAR A LOS MEDICAMENTOS QUE TE RECETA EL DOCTOR: MEDICINE O DRUG. EN LA MAYORÍA DE LOS CASOS, AMBOS TÉRMINOS SON INTERCAMBIABLES, PERO TEN EN CUENTA QUE EL SEGUNDO TAMBIÉN PUEDE TENER LA CONNOTACIÓN DE «DROGA» EN OTRO CONTEXTO.

EXISTEN DOS TIPOS DE MEDICINE O DRUGS:

OVER-THE-COUNTER-MEDICINE	PRESCRIPTION MEDICINE
medicina sin receta	medicina con receta

También está generic medicine, los medicamentos genéricos que no tienen marca.

· ·

SI TU DOCTOR LO CONSIDERA NECESARIO, PUEDE QUE TE MANDE A UN ESPECIALISTA, Y ESCUCHARÁS:

I'm going to refer you to a specialist.
Te voy a enviar a un especialista.

I recommend you see a specialist.
Te recomiendo que veas a un especialista.

The receptionist will help you set up an appointment with the specialist.
En recepción te ayudarán a cuadrar una cita con el especialista.

En UK vas a escuchar bastante "chemist's" y en US escucharás mucho la palabra "drugstore".

At the pharmacy

Ya has superado la primera parte del proceso. Level up! ¡Has subido de nivel!

Ahora bien, la cosa se pone interesante cuando tienes que ir a la farmacia a fill in your prescription. I feel you, my dear.

entregar tu receta

Yo también he pasado por eso, ¡por eso vengo a darte varios truquitos!

> Hi, I have a prescription from my doctor for antibiotics. Here it is.

> Alright, everything seems to be in order! We have the antibiotics you need.

contraindicaciones

efectos secundarios

> Thank you. Do they have any **side effects** or **contraindications**?

> Possible side effects may include diarrhea or **dizziness**.

mareo

Tomo anticonceptivos.

> Also, **I'm on the pill**. Does that affect the antibiotics?

dosificación

> Not at all, nothing to worry about. The **dosage** instructions are **on the label**, and please remember to **complete the entire course**, even if you start feeling better.

en la etiqueta

completar toda la toma

> Alright, thank you. **Will do.**

Lo haré.

162

Truquiito EXTRA

¿ERES DE ESAS PERSONAS A LAS QUE LOS ZAPATOS SIEMPRE LES DESTROZAN LOS PIES? *WELL, I AM!* UNA DE LAS COSAS QUE MÁS COMPRO CUANDO ESTOY EN EL EXTRANJERO SON LAS TÍPICAS TIRITAS PARA LAS AMPOLLAS DE LOS PIES. *DON'T JUDGE ME, PLEASE!* PERO, ESO SÍ, SIEMPRE TEN CUENTA ESTO:

PLASTER
tirita (UK)

BAND AID
tirita (US)

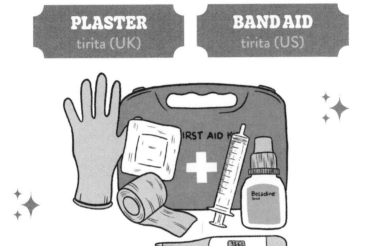

SI NO ES TU CASO, EN LA FARMACIA TAMBIÉN PUEDES COMPRAR MUCHAS OTRAS COSAS ÚTILES COMO ESTAS:

bandage	vendas
gauzes	gasas
betadine	betadine
thermometer	termómetro
first-aid kit	botiquín de primeros auxilios
syringe	jeringuilla
rubber gloves	guantes de goma
crutches	muletas

Se pronuncia "bitadain" o "beitadain".

Your journey to Living la vida English

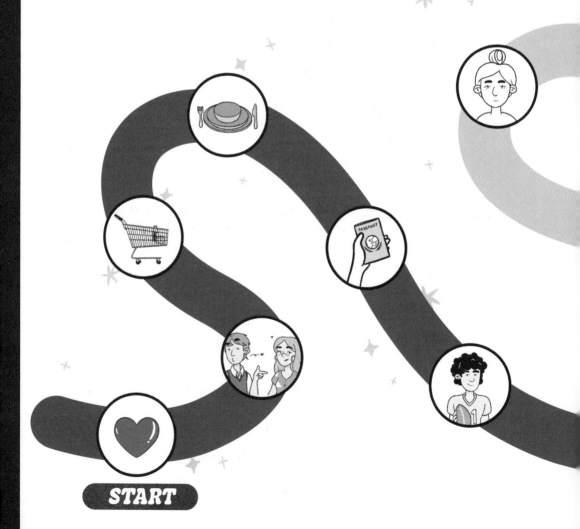

START

Living
la vida
English

¿Cuál es tu nivel de vidilla alcanzado?

☆ ☆ ☆ ☆ ☆

Excellent

9.
I WOKE UP LIKE THIS... FLAWLESS

I woke up like this... flawless

Hoy me he levantado... divina

El inglés es precioso, pero a veces no tiene tanto arte como el castellano. La expresión que más se le puede acercar es: "I'd rather be dead than plain".

LET'S TRAVEL BACK IN TIME... → be at its peak

LOS AÑOS 2000 ESTÁN EN SU MÁXIMO ESPLENDOR, ES VERANO Y SUENA EN TODAS LAS VERBENAS Y FERIAS LA CANCIÓN "ANTES MUERTA QUE SENCILLA" DE MARÍA ISABEL. LA VIDA TE SONRÍE Y LA ÚNICA PREOCUPACIÓN QUE TIENES ES QUE NO SE TE DERRITA TU POLO FLASH DE FRESA.

En inglés decimos "popsicle" o "ice pop".

LOS AÑOS PASAN Y CON EL TIEMPO TE DAS CUENTA DE QUE MARÍA ISABEL LO MISMO EXAGERABA UN POCO. YA SOMOS FLAWLESS DESDE EL MOMENTO EN EL QUE NOS LEVANTAMOS, COMO CANTA BEYONCÉ. SELF-CONFIDENCE IS KEY! DI QUE SÍ, QUEEN B.

¡La confianza en ti es clave!

Adoro esta palabra en castellano, ¡pero lo cierto es que no hay un equivalente igual al inglés. Los términos más cercanos son "dapper", que se usa sobre todo para hombres, "natty" o "spruce".

NO OBSTANTE, YO SIEMPRE HE SIDO BASTANTE COQUETA, HONESTLY. SOY DE ESAS PERSONAS A LAS QUE LES GUSTA IR CON UN TOQUECITO DE RED LIPSTICK O UN BUEN EYELINER SIEMPRE QUE PUEDE, MY DEAR.

POR ESO ERA ESENCIAL UN CAPÍTULO PARA DARLE VIDILLA A TU BELLEZA EXTERIOR EN INGLÉS (PORQUE LA INTERIOR YA LA TIENES, YOU KNOW). SI ALGUNA VEZ ESTÁS EN EL EXTRANJERO Y YOU FEEL LIKE HAVING YOUR NAILS DONE OR GETTING A HAIRCUT... ¡LAS SIGUIENTES PÁGINAS TE ENCANTARÁN!

Te apetece hacerte las uñas o un corte de pelo...

Revise the basics

¿Pensabas que nos íbamos a limitar a truquitos de maquillaje en inglés? Nothing further from the truth!
La belleza y el cuidado personal abarcan mucho más que eso.
Take a look at everything you're about to learn!

¡Nada más lejos de la realidad!

- Piropos en inglés más allá de la apariencia.
- Truquitos para diferenciar los significados de make-up.
- Vocabulario relacionado con el maquillaje y la cara.
- Tipos de piel y cómo describirla en inglés.
- Tipos de peinado y pelo.
- Cómo pedirle al peluquero lo que quieres en inglés.
- La maravillosa estructura del causativo.
- Vocabulario relacionado con tus manos y uñas.
- Cómo pedir que te dejen la manicura on point.

before getting into work

ESO SÍ, HE DECIDIDO QUE, ANTES DE ENTRAR EN FAENA, VAMOS A DEJAR CLARO UN TRUQUITO BASIC (O NO TAN BASIC) QUE ES FUNDAMENTAL PARA DEJAR DE SONAR COMO UN ROBOT CUANDO HABLAS INGLÉS. MY DEAR, ¡HABLO DE LOS PIROPOS!

compliments

¿Tienes complejo de James Blunt y no sales del típico "You're beautiful"?
¡Mira todas las opciones que tienes!

¡Esta collocation se usa muchísimo en inglés!

¡Estás guapísima/o!

YOU LOOK DROP-DEAD GORGEOUS!

I THINK YOU ARE STUNNING!

¡Tu look es para morirse!

YOU HAVE LOOKS TO DIE FOR!

¡Me parece que estás espectacular!

YOU LOOK AS PRETTY AS ALWAYS!

¡Me encanta cómo te ves hoy!

I LOVE THE WAY YOU LOOK TODAY!

¡Estás tan linda/o como siempre!

¡Poco se habla de lo «fácil» que es hacer un cumplido y lo difícil que es a veces recibirlo! Do you usually turn red as a beetroot? ¡Yo sí! Do not panic! Puedes contestar a cualquier cumplido así:

¿Te sueles poner como un tomate?

HOW KIND OF YOU TO SAY SO!

THAT'S SO NICE OF YOU!

THANK YOU FOR SAYING THAT!

THAT'S VERY NICE OF YOU TO SAY!

WHAT A LOVELY THING TO SAY! THANK YOU!

TAMBIÉN PODEMOS HACERLE UN PIROPO A ALGUIEN RELACIONADO CON ALGO MÁS ALLÁ DE SU APARIENCIA. COMO BIEN DECÍAN EN THE BEAUTY AND THE BEAST, "BEAUTY IS ON THE INSIDE!". ¡LA BELLEZA ESTÁ EN EL INTERIOR!

look

You should be proud of yourself!
¡Tienes que estar orgulloso/a de ti!

You're so thoughtful.
Qué considerado/a eres.

You have the best ideas.
Se te ocurren las mejores ideas.

You are making a difference.
Estás cambiando el mundo.

Hanging out with you is always fun.
Siempre me lo paso bien cuando quedo contigo.

Truqui*i*to
MINI

Make-up y sus líos

Un truquito relacionado con todo este tema de la belleza que siempre me gusta dar es el siguiente:

Es muy probable que sepas que el sustantivo make-up significa «maquillaje». Pero... ¿y si te digo que también es un phrasal verb con varios significados? Take note!

¡Fíjate! Si funciona como verbo no lleva guion, solo lo lleva si es sustantivo.

1. MAKE UP. HACER LAS PACES, PERDONARSE

We kissed and made up, as usual.
Nos dimos un beso y nos perdonamos, como siempre.

Minitruquito de ampliación: "Joey made up the whole story. Joey made the whole story up". ¡Ambas son correctas! Aunque probablemente escuches más la primera opción.

2. MAKE SOMETHING UP. INVENTARSE ALGO (UNA HISTORIA, UNA EXCUSA...)

Joey made up the whole story. He's a liar!
Joey se inventó toda la historia. ¡Es un mentiroso!

3. MAKE IT UP TO SOMEONE. COMPENSAR ALGO A ALGUIEN

I promise I'll make it up to you!
¡Te prometo que te lo compensaré!

4. MAKE UP FOR SOMETHING. COMPENSAR POR ALGO

He brought a bottle of wine to make up for forgetting her birthday.
Trajo una botella de vino para compensar que se había olvidado de su cumpleaños.

¿Te suena? Todo esto también lo vemos en nuestro libro de **101 truquitos para Speak English**. Good old times!

AHORA QUE ESTAMOS CON ESTE TEMA DEL MAQUILLAJE... ¿CONOCÍAS TODO ESTE VOCABULARIO EN INGLÉS?

Love

Eyebrow gel is used to comb, shape, and lock your **eyebrows** in place.

Mascara makes the **eyelashes** look darker and longer.

Eyeshadow is applied to your **eyelids** and makes your eyes stand out.

Eye-liner draws attention to the eye and can **enhance** the eye's shape.

Blush adds color to your **cheekbones.**

Foundation creates an **even**, uniform color to the complexion and cover **flaws.**

Concealer is thicker than foundation and hides **dark circles, eye bags, spots** and **blemishes.**

Lipstick colors your **lips.**

Key vocabulary

foundation	base de maquillaje
even	uniforme
flaws	imperfecciones
concealer	corrector
dark circles	ojeras
eye bags	bolsas
spots	manchas
blemishes	rojeces
eye-liner	delineador de ojos
enhance	mejorar
mascara	máscara de pestañas
eyelashes	pestañas
blush	colorete
cheekbones	pómulos
lipstick	barra de labios
lips	labios
eyeshadow	sombra de ojos
eyelids	párpados
eyebrow gel	gel para cejas
eyebrows	cejas

EL MUNDO DEL MAKE-UP DA PARA UN LIBRO ENTERO. HEMOS VISTO QUE EXISTEN MUCHOS TIPOS DE MAQUILLAJE EN INGLÉS, PERO OTRA COSA QUE TAMBIÉN DEBES TENER EN CUENTA ES YOUR SKIN TYPE. Y TODO EL VOCABULARIO QUE PUEDES APRENDER CON ELLA, CLARO.

OILY SKIN · PIEL GRASA

Large pores, shiny, blackheads or pimples.
Poros dilatados, con brillos, puntos negros o espinillas.

DRY SKIN · PIEL SECA

Dull and rough, red patches.
Apagada y seca, zonas enrojecidas.

SENSITIVE SKIN · PIEL SENSIBLE

Flushes quickly, irritated easily.
Se enrojece rápidamente, se irrita con facilidad.

COMBINATION SKIN · PIEL MIXTA

Two or more different skin types, can change with the seasons.
Dos o más tipos de piel, pueden cambiar según la estación del año.

NORMAL SKIN · PIEL NORMAL

WELL-BALANCED SKIN · PIEL EQUILIBRADA

At the hairdresser's

¿Confirmamos que ir a la peluquería a cortarte las puntas
es un momento de tensión absoluta? Confirmamos.

¡Pues imagínate hacerlo en inglés! I get the shivers from thinking about it!
Por eso todos los truquitos que vamos a ver a continuación se van
a convertir en tu guía definitiva para tener la situación bajo control.

¡Me dan
escalofríos
de pensarlo!

First things first, es necesario que te familiarices con todos los tipos de cortes
y peinados que hay en inglés. ¿Cuál le pedirías a tu hairdresser?

HAIRCUTS

a trim
un corte de puntas

bangs/fringe
flequillo

pixie cut
corte pixie

bob cut
corte bob

layered
a capas, escalado

buzz cut
rapado

fade
degradado

comb over fade
degradado y peinado
hacia un lado

HAIRSTYLES

ponytail
cola de caballo

braid
trenza

bun
moño

wavy
ondulado

curly
rizado

perm
permanente

dreadlocks
con rastas o trencitas

long and slicked back
largo y peinado
hacia atrás

spike
en punta

En inglés llamamos "split ends" a las puntas abiertas. También podrías decir, para ser más específicos: "Just cut the split ends off, please".

I'd like a trim, please.
Me gustaría cortarme las puntas, por favor.

I'd like to freshen up my look.
Me gustaría darle un toque nuevo a mi look.

I want to keep the length but add some layers.
Quiero mantener la longitud, pero agregar algunas capas.

Can you give me bangs/fringe?
¿Me dejas flequillo?

How about a different parting?
¿Y si cambiamos de lado la raya?

"Parting your hair" se refiere a «partir» tu pelo en dos, es decir, hacerte la raya.

I'd like to have some more volume in the back.
Quiero más volumen en la parte de atrás.

Could you thin it out a bit?
¿Puedes quitarme volumen?

I'd like a fade on the sides with more length on top.
Quiero un degradado en los lados con más longitud en la parte de arriba.

I want something more manageable.
Quiero algo que sea fácil de llevar.

Y vamos con una nueva edición de

THE NEVER AGAIN CORNER

en la que te enseñaré qué no debes decir cuando
te hayas cortado el pelo. Ready? 3, 2, 1...

I CUT MY HAIR!

Salvo que hayas sido tú quien coge las tijeras para hacerlo. My dear, tienes que
saber que en este caso lo más natural en inglés sería:

I HAD/GOT MY HAIR CUT.
I GOT A NEW HAIRCUT.
I GOT A TRIM!

*La palabra "haircut" se
escribe junta en esta
frase, ya que actúa como
sustantivo, no como verbo:
a new haircut - un nuevo
corte de pelo.*

¿Sabes por qué es esto? No nos vamos a meter en tecnicismos, pero en inglés
existe el maravilloso causative, que es el culpable de este tipo de estructuras.

La forma causativa es la que usamos para expresar que alguien ha hecho algo
para nosotros. Nosotros no somos los que realizamos la acción, sino que somos
los que acordamos o pagamos a otra persona para que la haga. Lo vas a ver así:

SHE'S HAVING HER KITCHEN SINK REPAIRED.
I HAD MY HAIR CUT.
THEY'RE GETTING THEIR HOUSE PAINTED.

SUBJECT + HAVE/GET + OBJECT + PAST PARTICIPLE

Esto es material para la libretita, ¿a que sí? Y espera a ver todo el useful
vocabulary relacionado con your stunning hair.

hair tie
goma para el pelo

hair dryer
secador de pelo

hair clip
horquilla

bobby pin
pasador

electric razor
maquinilla eléctrica

hair straightener
plancha para
el pelo

comb
peine

scrunchy
coletero

curling wand
rizador

hair roller
rulo

claw clip
pinza para el pelo

At the nail salon

Te dije que no nos quedaríamos solo en el maquillaje, remember?
¿Qué me dices de las uñas? ¿Y si te apetece tenerlas bonitas
y te pilla in the middle of a trip? ¡Fácil! Te llevas
Living la vida English contigo al nail salon más cercano y...
¡Tachán! Vidilla instantánea.

Te sorprenderá saber que las uñas no son lo más importante de este proceso,
my dear. ¿Dónde quedan las manos? Es imprescindible saber cómo se llaman
en inglés sus diferentes partes. Step by step!

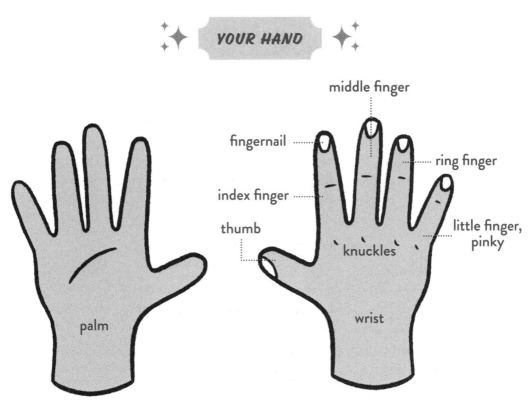

YOUR HAND

- middle finger
- fingernail
- index finger
- thumb
- ring finger
- little finger, pinky
- knuckles
- palm
- wrist

Ahora que ya sabes cómo especificar que te pinten el meñique de un color, toca saber qué nail shape te gustaría tener:

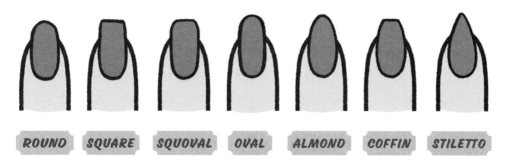

ROUND **SQUARE** **SQUOVAL** **OVAL** **ALMOND** **COFFIN** **STILETTO**

How did it go? ¿Ya has elegido cómo las quieres? My dear, you'll look divine! Asegúrate de que explicas lo que quieres en inglés de forma correcta:

I wanna get my nails done.
Quiero hacerme las uñas.

I'd like to get a fill, please.
Me gustaría rellenarme las uñas, por favor.

I'd like a full set of nail tips.
Me gustaría alargar las uñas con un set de puntas.

I'd like to do acrylic on top.
Me gustaría hacérmelas acrílicas.

What's the cost of a full set of acrylic nails?
¿Cuánto valen las uñas acrílicas?

No te voy a mentir, hasta yo me hago un lío con todas las opciones de uñas que hay en castellano. ¡Imagínate en inglés! Después de una super research, te he preparado un chart monísimo. You're welcome!

cuadro

investigación

ACRYLIC NAILS
UÑAS ACRÍLICAS

duración
y fuerza

Known for their **durability** and **strength**.

GEL NAILS
UÑAS DE GEL

Lighter and more flexible than acrylics.

brillante They provide a **glossy** and natural appearance.

SEMI-PERMANENT NAILS
UÑAS SEMIPERMANENTES

duradero

Cured under LED light for a **longer-lasting** finish.

aplicar
y quitar

REGULAR NAIL POLISH
PINTURA DE UÑAS NORMAL

Easy to **apply and remove** with **nail polish remover.** quitaesmalte

It **dries by air** or with the help of a **quick-dry top coat.**

Se seca
con el aire.

una capa de esmalte de
acabado de secado rápido

Dicho todo esto... Let's test your English! Hay otras essential words que quiero que conozcas, pues, si no, no me quedo tranquila. I don't take no for an answer.

¿SABRÍAS UNIR TODOS LOS OBJETOS Y PALABRAS QUE SE VEN EN UN NAIL SALON CON SU SIGNIFICADO?

No acepto
un no por
respuesta.

nail clipper	padrastros
hangnails	pinzas
file	cutículas
cuticles	cortar las uñas
trim your nails	lima
buffer	abrillantador
tweezers	corta uñas

Your journey to Living la vida English

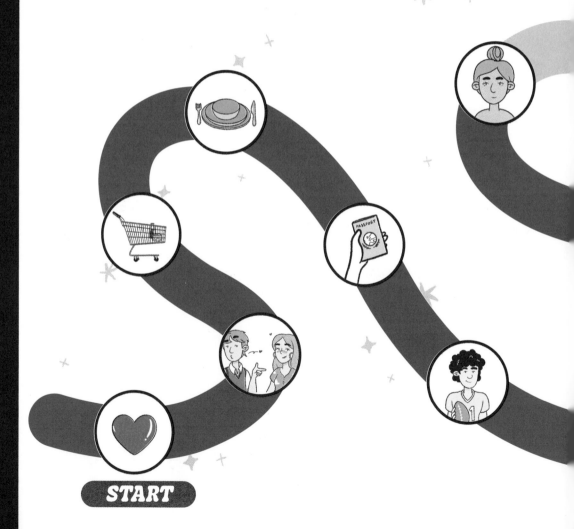

START

Living la vida English

¿Cuál es tu nivel de vidilla alcanzado?

☆ ☆ ☆ ☆ ☆

Excellent

10.
LET'S GET PHYSICAL!

Let's get physical!

A ponerse en forma

SI TE CUENTO LA CANTIDAD DE VECES QUE HE FALTADO AL GYM
A PESAR DE PAGAR LA CUOTA MENSUAL, TE ENFADARÍAS CONMIGO.
I'M SURE!

monthly fee

¡ASÍ QUE HAGAMOS UNA COSA! VOY A ESCRIBIR ESTE CAPÍTULO
PENSANDO EN TI Y EN MÍ. EN TI, PORQUE MI TRABAJO
ES DARLE VIDILLA A TU INGLÉS; Y EN MÍ, PARA VER SI ASÍ ME ANIMO
UN POCO A DARLE VIDILLA TAMBIÉN A ESOS BÍCEPS QUE TENGO.

I HAVE A LOT OF HOPE IN THIS, MY DEAR.
Y ESTA ES MI ÚNICA ESPERANZA. SI DARTE TRUQUITOS
SOBRE DEPORTE NO HACE QUE ME PRESENTE EN EL GIMNASIO
MAÑANA A LAS OCHO DE LA MAÑANA, I DON'T KNOW WHAT ELSE WILL.
¡SEGUIREMOS INFORMANDO!

No sé qué otra
cosa lo conseguirá.

Sounds good, right?

I'm not going to pretend.

NO ME VOY A HACER LA ENTENDIDA,
LA REALIDAD ES QUE SÉ LO MISMO DE SQUATS Y FLEXIONES
QUE DE FÍSICA CUÁNTICA. PERO PUEDES ESTAR
SUPER SURE DE UNA COSA:

JUST BETWEEN YOU AND ME...
¡ME HE HECHO UN SUPER MASTER EN INGLÉS
SOBRE EL TEMA QUE MUCHOS QUISIERAN!

ALL FOR YOU, DEAR. AHORA ME SIENTO PREPARADA PARA
DARTE CUALQUIER TRUQUITO DEPORTIVO QUE NECESITES.

Ready? Let's get physical!

Revise the basics

Después de este capítulo vas a poder pasarte por el mejor gimnasio de London y dejar boquiabierto a todo el staff, I'm sure! Mira todo lo que vamos a aprender:

 personal

- Cómo apuntarte al gym en inglés.
- Qué es lo que tienes que preguntar antes de hacerlo.
- Todo el vocab que necesitas para hacer un buen workout.
- Cómo llamar a todos los aparatitos que hay en un gym.
- El slang típico y las expresiones que me encantan.
- Cómo hacer gym friends.

Truquito CURIOSO

¿SABES CÓMO SE LES LLAMA EN INGLÉS A LOS ABDOMINALES DE MANERA INFORMAL? EN CASTELLANO LOS COMPARAMOS CON EL CHOCOLATE Y DECIMOS «LA TABLETA DE CHOCOLATE».

BIEN... ¡PUES EN INGLÉS SE COMPARAN CON LA CERVEZA! ME EXPLICO:

EN LUGAR DE «TABLETA DE CHOCOLATE», EN INGLÉS SOLEMOS DECIR SIX-PACK, LITERALMENTE UN «PAQUETE DE SEIS». ¿A QUÉ HACE REFERENCIA? ¡A LOS TÍPICOS PAQUETES DE SEIS LATAS QUE VENDEN EN LOS SUPERMARKETS!

How funny is this? Esta es una prueba de que aprender un idioma no va solo de aprender palabras nuevas, ¡sino también de entender una cultura diferente!

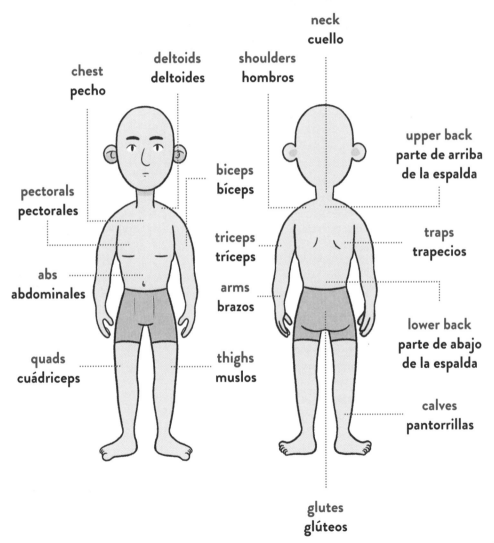

neck
cuello

shoulders
hombros

deltoids
deltoides

chest
pecho

upper back
parte de arriba
de la espalda

biceps
bíceps

pectorals
pectorales

traps
trapecios

triceps
tríceps

abs
abdominales

arms
brazos

lower back
parte de abajo
de la espalda

quads
cuádriceps

thighs
muslos

calves
pantorrillas

glutes
glúteos

Signing up for a gym membership

Digamos que no eres como yo y has decidido
por fin darle un poco de vidilla a tu **body. The time has come!**
Es el momento de elegir gimnasio, de apuntarte **and go all out!**
¿Sabrías hacerlo en inglés? Pues para eso estoy yo aquí.
Check this out!

ir a por todas

Hi, I'm interested in joining the gym.
What sort of **membership options** do you have?

opciones de membresía

Of course! We have several membership
plans available. Are you looking for
a **monthly or annual membership?**

membresía mensual o anual

¿Qué incluye este pack?

How much does monthly membership cost? And
what's included in that package?

clases en grupo

instalaciones

tarifa mensual

You'll have access to all our **facilities,** including
group fitness classes. The **monthly fee** is $50,
and we have a **one-time enrollment fee** of $30.

matrícula de un solo pago

192

ponerse en forma

Awesome, thank you! I want to **get fit** and lose a bit of weight, as well as **to tone up** a little. Will there be a **trainer** to assist and guide me with the exercises?

entrenador

tonificar

Sure thing, the fee also includes a **personal fitness assessment**.

¿Cómo empiezo?

asesoramiento personal de entrenamiento

Perfect then. Perfect. **How do I get started?**

rellenar el formulario de registro

datos de pago

You can **fill out the registration form** at the front desk, and we'll need a **valid ID** and your **payment details**. Once that's done, you'll be **all set to** use the gym.

carné de identidad válido

estar listo

. . . .

What do you think? Plain and simple, right? **Pero, oye, hay muchas más cosas que podrías preguntar. En realidad,** the possibilities are endless!
Aquí te van otros truquitos:

¡Las posibilidades son ilimitadas!

La mar de sencillo, ¿verdad?

TALKING ABOUT YOUR FITNESS GOALS...

I'd like to increase muscle strength.
Quiero aumentar mi fuerza muscular.

....

I want to bulk up.
Quiero ganar volumen.

....

I want to get a six-pack.
Quiero definir los abdominales.

I want to improve my overall fitness.
Quiero mejorar mi condición física.

I'd like to build stamina.
Quiero aumentar mi resistencia.

I'm looking to target specific muscles like my arms and legs.
Quiero trabajar músculos específicos como los brazos y piernas.

ASKING ABOUT THE FACILITIES AND CLASSES...

When's the quietest time to come in and use the gym?
¿Cuál es la hora más tranquila para venir al gimnasio?

How late do you stay open?
¿Hasta cuándo estáis abiertos?

Are you open at the weekend as well?
¿Estáis también abiertos los fines de semana?

What sort of facilities do you have?
¿Qué tipo de instalaciones tenéis?

Do you run any classes?
¿Organizáis clases?

Is there a waiting list for the yoga lessons?
¿Hay lista de espera para las clases de yoga?

What is the maximum capacity for this class?
¿Cuál es el cupo máximo para esta clase?

Let's workout!

Bueno, ahora que ya te has apuntado al gym, hay que estar al día de todos los tipos de workout que puedes hacer según lo que quieras trabajar. Are you ready to sweat?

¿Listo/a para sudar?

stretching
estirar

push-ups
flexiones

squats
sentadillas

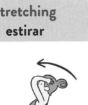

sit-ups
abdominales

jumping jacks
saltos de tijera

lunges
zancadas

planks
planchas

pull-up
dominadas

bicep curl
flexión de brazos

Getting the hang of all the gym equipment

Cogiéndole el tranquillo a todos los aparatos del gym

Imagínate que tu personal trainer te dice que tienes que ir a por las pesas o quizá te recomienda correr en la cita para empezar con el calentamiento. ¡¿Y ahora qué hacemos?! Es imposible entenderlo si no conoces todo este vocabulario:

warm-up

treadmill	cinta para correr
elliptical	elíptica
dumbbell	mancuerna
jump rope	cuerda de saltar
punching bag	saco de boxeo
barbell	barra de pesas
mat	esterilla

Truquito CURIOSO

REP QUIERE DECIR «REPETICIONES» Y SE REFIERE AL NUMERO DE VECES QUE HACES UN EJERCICIO ESPECIFICO: SI HACES 10 REPS OF PUSH-UPS, QUIERE DECIR QUE HAS HECHO ESE MOVIMIENTO 10 VECES.
SET QUIERE DECIR «SERIE DE REPETICIONES SEGUIDAS»: SI HACES 10 REPETICIONES DE UN EJERCICIO SEGUIDAS DE UN PEQUEÑO DESCANSO, Y DESPUÉS SIGUES CON LAS REPETICIONES, QUIERE DECIR QUE HAS HECHO UNA SERIE DE ESE MOVIMIENTO.

Let's start with some warm-up exercises to get your muscles ready.
Vamos a empezar con algunos ejercicios de calentamiento para preparar los músculos.

You do 10 reps on each arm.
Haz 10 repeticiones con cada brazo.

I want you to do three sets of 10 push-ups.
Quiero que hagas tres series de 10 flexiones.

Truquito EXTRA

SI ES LA PRIMERA VEZ EN MUCHO TIEMPO QUE HACES TODOS ESTOS WORKOUTS, ES MUY PROBABLE QUE AL DÍA SIGUIENTE TENGAS UNAS AGUJETAS QUE NO TE DEJEN DAR NI UN PASO.

YA SABES, LAS AGUJETAS SON ESE DOLOR MUSCULAR QUE TE ENTRA DESPUÉS DE HABERLES DADO CAÑA A TUS MÚSCULOS TRAS UNA ÉPOCA SIN HACERLO.

PARA EXPRESAR ESTO, EN INGLÉS DECIMOS: *TO BE SORE*

Por ejemplo:

After such a workout, she's been sore for two days!
Después de tanto ejercicio, ¡lleva dos días con agujetas!

Be more careful or you'll be sore tomorrow!
¡Ten más cuidado o te saldrán agujetas mañana!

love it!

Gym slang you need to know!

¡Jerga del gimnasio que tienes que conocer!

Cuanto más aprendo sobre el mundo del gym,
más me doy cuenta de que tiene un idioma totalmente aparte.
¿Sabes la cantidad de slang y expresiones en inglés
propias de este mundillo que existen? It's nuts!

¡Es una locura!

A continuación, vamos a ver mis favoritas
con un ejemplo, para que lo tengas todo crystal clear:

claro como
el agua

GAINS
SE REFIERE A TODO EL MÚSCULO QUE HAS AUMENTADO.

I see you're making some **gains** in the gym. Congrats, bro!
Veo que estás **ganando** músculo en el gym. ¡Qué bien, tío!

SHREDDED OR RIPPED
QUIERE DECIR QUE TIENES UN CUERPO «DEFINIDO», TONIFICADO.
SI TE LO DICEN EN EL GYM, ES QUE VAS POR EL BUEN CAMINO.

You look **shredded/ripped** man!
¡Estás petao, tío!

SPOTTER
¿SABES CUANDO LE PIDES A ALGUIEN EN EL GYM QUE TE VEA PARA COMPROBAR
QUE HACES EL EJERCICIO BIEN? PUES ESTA PERSONA ES EL SPOTTER.

Can you be my **spotter**? Can you spot me really quick?
¿Puedes verme un momento y comprobar que hago bien el ejercicio?

TO WORK-IN
SE REFIERE A COMPARTIR MÁQUINA. ES CUANDO ALGUIEN
USA LA MISMA MÁQUINA QUE TÚ MIENTRAS TÚ DESCANSAS.

Hey, do you mind if I **work in**?
¿Te importa que la use (la máquina) mientras tanto?

GYM BRO
ESTE TÉRMINO HACE REFERENCIA AL TÍPICO HOMBRE ESTEREOTIPADO
QUE SOLO SE PREOCUPA POR SU FÍSICO Y POR IR AL GIMNASIO.

¡No habla de otra cosa!

IT'S ALL HE TALKS ABOUT!

Making gym friends

Sé que hay muchas opiniones respecto al tema,
pero no podemos negar que el gym es un buen lugar para
al menos entablar conversación con alguien nuevo.
Si después os hacéis best friends o no... you never know!

¡Nunca se sabe!

Por eso, antes de nada, te he escrito una pequeña guide con algunos consejos
para hacer gym friends antes de entrar en materia y ver the English side of it.

lo más importante

No seas raro/a

DON'T BE WEIRD

límites

First things first, don't forget to show respect for other people's **boundaries** and personal space. You don't want to be that **annoying person** at the gym that others have to avoid! Not everybody is comfortable with **striking up a conversation** or **being approached** while they are in the middle of their workout. **Read the signs!**

el típico pesado

que se le acerquen

¡Lee las señales!

empezar una conversación

apuntarse a una clase

¡Apúntate a las clases en grupo!

JOIN GROUP CLASSES!

Signing up for a group class like yoga, boxing, or cycling can be a great way to meet **fellow gym-goers** who share your interests. The group setting **allows for** more interaction and conversation, which can be a great opportunity to make connections!

permitir, propiciar

compañeros/as de gimnasio

forma de empezar
la conversación

Usa los cumplidos de la
forma adecuada

USE COMPLIMENTS THE RIGHT WAY

They can be a great **conversation starter**! However, it's important to use them in a natural and **non-pushy way**. If you see someone's doing a great job at their workout routine, you could simply say something **along the lines of "You have amazing endurance!"** o "You have made great progress!".

de forma no
agresiva o
insistente

similar a

Tienes una resistencia
impresionante.

UNA VEZ QUE TENEMOS CLARO LO QUE HAY QUE HACER, AQUÍ TIENES ALGUNOS TRUQUITOS QUE TE PUEDEN SERVIR EN ESA CONVERSACIÓN EN INGLÉS:

Are you a regular here?
¿Sueles venir mucho por aquí?

....

I'm a newbie. Can you recommend any good workouts?
Soy nuevo/a. ¿Me recomiendas un buen entrenamiento?

....

Do you have any favorite classes or trainers at this gym?
¿Tienes alguna clase o algún entrenador preferido en este gimnasio?

....

Would you like to join me for a workout sometime?
¿Te apetece que entrenemos juntos alguna vez?

....

I noticed you're in shape. How long have you been working out?
Me he dado cuenta de que estás en forma! ¿Cuánto tiempo llevas entrenando?

Your journey to Living la vida English

START

Living la vida English

¿Cuál es tu nivel de vidilla alcanzado?

☆ ☆ ☆ ☆ ☆

Excellent

11.
ELEVATOR MUSIC

Elevator music

Musiquita de ascensor

momento
incómodo

¿SABES ESE *AWKWARD MOMENT* CUANDO TE ENCUENTRAS
A TU VECINO EN EL ASCENSOR Y DE REPENTE HAY UN SILENCIO INCÓMODO?
¿QUÉ HACES? ¡¿QUÉ DICES?!

ES COMO UNA DE ESAS ESCENAS DE LAS PELÍCULAS.
COMPARTES EL ASCENSOR CON UN GRUPO DE PERSONAS DESCONOCIDAS
QUE MIRAN A LA NADA MIENTRAS SUENA DE FONDO LA TÍPICA MUSIQUITA
DE ASCENSOR.

¡DIME QUE AHORA MISMO LA ESTÁS OYENDO EN TU CABEZA COMO YO!

ESTA MUSIQUITA PUEDE LLEGAR A SER UN BUEN RECURSO
PARA RELLENAR EL SILENCIO INCÓMODO DE LAS PELIS,
PERO EXISTE UN TRUQUITO AÚN MÁS INFALIBLE PARA MANEJAR
ESTE TIPO DE SITUACIONES EN INGLÉS EN LA VIDA REAL.

MY DEAR, TE PRESENTO LA
SMALL TALK.

Nice

La small talk será tu nueva bestie, sin duda.

TE AYUDARÁ A DEJAR ATRÁS TODOS ESOS *AWKWARD SILENCES* EN INGLÉS.

UNA *SMALL TALK* PUEDE SER LA «CHARLA CASUAL» QUE TIENE LUGAR CUANDO COINCIDES CON TU VECINO EN EL ASCENSOR, ESA PEQUEÑA TOMA DE CONTACTO QUE TIENES CUANDO TE PRESENTAN A ALGUIEN O ESA BREVE CONVERSACIÓN CON ALGUIEN QUE TE ENCUENTRAS EN EL METRO.

And we're gonna master it now! Ready?

Revise the basics

Es bien sabido por todos que los ingleses son los maestros de la small talk. Dominan el arte de hablar del tiempo o del partido del día anterior como nadie. And we're gonna follow in their footsteps! En este capítulo, vamos a ver todo esto:

¡Y vamos a seguir sus pasos!

- Cómo sacar una conversación de cualquier cosa.
- Cómo hablar de noticias actuales.
- Truquitos para la small talk en la oficina.
- Cómo evitar silencios incómodos en un evento.

PERO, ANTES, ME HE PROMETIDO A MÍ MISMA QUE TE ENSEÑARÍA A DESHACERTE DEL TÍPICO *HOW ARE YOU?* ¿POR QUÉ DIGO ESTO? PORQUE LO MÁS NORMAL CUANDO TE ENCUENTRAS A ALGUIEN ES QUE EMPIECES LA *SMALL TALK* PREGUNTANDO CÓMO ESTÁ O CÓMO LE ESTÁ YENDO EL DÍA. Y YO VOY A DARTE ALGUNOS TRUQUITOS INFORMALES PARA EMPEZARLA CON OTRAS FÓRMULAS:

How are you getting on? ¿Cómo te va?

How are you doing? ¿Qué tal?

How's it going? ¿Cómo va todo?

How's everything? ¿Qué tal va todo?

How are things? ¿Cómo van las cosas?

How are things with the new team?
¿Qué tal con el nuevo equipo?

How are things going with your mom?
¿Qué tal va todo con tu madre?

How are things going with your neighbor?
¿Qué tal te va con tu vecino?

POR OTRO LADO, ESTOY SEGURA DE QUE TE SUENA EL TÍPICO *I'M FINE, THANK YOU.* QUE ESTÁ GENIAL, PERO VAMOS A VER ALGUNAS ALTERNATIVAS QUE TAMBIÉN TE PUEDEN SERVIR:

How are you getting on? - Not too bad, yourself?
No tan mal, ¿y tú?

How are you doing? - Can't complain, and you?
No me puedo quejar, ¿y tú?

How's it going? - Not bad, and yourself?
Nada mal, ¿y tú?

How's everything? - Very well thanks, how about you?
Muy bien, gracias. ¿Cómo estás tú?

How are things? - Pretty good thanks, and you?
Bastante bien, gracias, ¿y tú?

break the ice

AHORA QUE YA SABEMOS CÓMO ROMPER EL HIELO CON UN SALUDO, VAMOS A LO INTERESANTE DE TODO ESTO. *LET'S GET DOWN TO THE NITTY-GRITTY!* HAY MUCHOS TIPOS DE *SMALL TALK:*

¡Vamos al meollo del asunto!

Current events

eventos de la actualidad

Un truquito infalible para iniciar una small talk
es hablar sobre lo que está pasando en el mundo en general.

the latest news

Ya sabes, las últimas noticias, quizá algo sobre cultura...
Eso sí, es preferible no meterse en terrenos pantanosos,
así que mejor evita temas que puedan considerarse algo delicados.

ALGUNAS GOOD QUESTIONS QUE PUEDES HACER SON:

Did you see the news today?
¿Has visto las noticias hoy?

Have you heard about what happened in Madrid?
¿Te has enterado de lo que ha pasado en Madrid?

Have you been following what's going on in Greece?
¿Has seguido lo que está ocurriendo en Grecia?

I saw on the news that...
He visto en las noticias que...

O, SI SABES QUE A LA OTRA PERSONA LE INTERESA EL DEPORTE, PUEDES PREGUNTAR:

Did you catch the game?
¿Has visto el partido?

SI NO APROVECHO ESTE MOMENTO PARA COMPARTIRTE ESTE TRUQUITO, I'LL NEVER FORGIVE MYSELF! AHORA QUE ESTAMOS HABLANDO DEL TÉRMINO NEWS EN INGLÉS, HAY VARIAS COSAS QUE TIENES QUE GRABARTE A FUEGO SOBRE ÉL:

AUNQUE PAREZCA QUE ES UNA PALABRA PLURAL, ¡NADA DE ESO! NEWS SIEMPRE RIGE UN VERBO SINGULAR:

THE GOOD NEWS **IS** I'M GETTING MARRIED!
✖ THE GOOD NEWS ARE I'M GETTING MARRIED! ✖

ES INCONTABLE, POR LO QUE NO PUEDE IR ACOMPAÑADA DE UNA CANTIDAD:

✖ I HAVE _A_ NEWS FOR YOU! ✖
✖ SHE GAVE ME _TWO_ NEWS. ✖

SI TE QUIERES REFERIR A UN NÚMERO CONCRETO DE NOTICIAS, USAMOS A PIECE OF O AN ITEM OF:

✔ I HAVE _TWO PIECES OF_ NEWS TO TELL!
✔ _AN ITEM OF_ NEWS CAUGHT MY EYE IN THE NEWSPAPER THIS MORNING.

DECIMOS ON THE NEWS CUANDO QUEREMOS DECIR «EN LAS NOTICIAS».

I JUST SAW ON THE NEWS THAT TAYLOR SWIFT IS IN TOWN! ACABO DE VER EN LAS NOTICIAS QUE TAYLOR SWIFT ESTÁ EN LA CIUDAD.

Weather

It's always a good choice! El tiempo atmosférico siempre será un buen aliado para tu **small talk**, sobre todo si vives en un lugar con tres estaciones diferentes durante un mismo día.

Si le quieres añadir ese toquecito British, acaba la frase con el mítico "innit?". ¡No falla!

MIS TRUQUITOS PREFERIDOS:

It's a little chilly today, isn't it?
Hace un poco de frío hoy, ¿no?

It's freezing, isn't it?
Está helando, ¿no?

It's such a beautiful day today, isn't it?
Qué día tan bonito, ¿verdad?

It's boiling in here, isn't it?
Nos estamos cociendo aquí, ¿no?

I saw on the weather forecast this morning that...
He visto en el tiempo esta mañana que...

At work

También es importante interesarte por lo que hace tu colleague, tu compi de trabajo. ¿Cuántas veces ves a esa persona en la ofi a lo largo del día? Show them some love!

How's your morning going so far?
¿Cómo va tu mañana?

Have you done much overtime this month?
¿Has hecho muchas horas extra este mes?

Shall I grab you a coffee?
¿Te traigo un café?

Do you need help with anything?
¿Necesitas ayuda con algo?

UNA OPCIÓN MUY SOCORRIDA TAMBIÉN ES PREGUNTAR POR SUS PLANES:

Any plans for the weekend?
¿Tienes plan para el fin de semana?

Doing anything interesting after work?
¿Haces algo interesante después del trabajo?

¡Y LISTO! VIDILLA AL INSTANTE NO SOLO PARA TU INGLÉS, SINO PARA ESE COMPI DE TRABAJO CON EL QUE NUNCA SABES DE QUÉ HABLAR.

Good morning, Mark! How's your morning going so far?

ajetreado

Ahí voy.

Good morning, María! It's been a bit **hectic** already, but **I'm managing**. How about you?

Lo llevo bien.

I'm hanging in there. I see you've been busy at your desk. Shall I grab you a coffee to help **kickstart your day?**

poner en marcha tu día

¡Eres mi salvación!

You're a lifesaver! I've been trying to finish up this project. Speaking of work, have you done much overtime this month?

I've had a few late nights myself, yeah. Anyway, I'll go grab those coffees. Anything special you'd like?

un chorrito de leche

Sí que me he quedado trabajando hasta tarde algunas noches.

Just a regular black coffee with a **dash of milk,** please. Thanks again, María!

214

¿NO SERÁ
MARÍA SPEAKS ENGLISH
LA MEJOR COMPI DE TRABAJO
IN THE WORLD?
NAH, TAN SOLO TIENE
SUS TRUQUITOS.

¡Y AHORA TÚ TAMBIÉN!

UNA ÉPOCA DEL AÑO QUE SE PRESTA MUCHO A ESTE TIPO
DE SMALL TALKS EN LA OFICINA SON LOS DÍAS PREVIOS A LAS VACACIONES.
DON'T YOU AGREE? EN ESE CASO, PUEDES INICIAR UNA CONVERSACIÓN ASÍ:

Are you planning on getting away for the holidays?
¿Tienes planeado irte de vacaciones?

....

Are you taking some time off over Easter?
¿Vas a cogerte vacaciones en Semana Santa?

....

Have you finished your Christmas shopping yet?
¿Has terminado de hacer las compras de Navidad?

At an event

It's time to do some mingling! Conocer a alguien puede ser genial, pero también puede llevarte a algún que otro silencio incómodo que hay que saber llevar.

Imagínate que estás en una fiesta en un país de habla inglesa. Ponte en situación, la típica house party de peli estadounidense repleta de gente nueva. ¿Necesitas truquitos? There you go!

CUANDO QUIERAS PRESENTAR A ALGUIEN, PRUEBA A DECIR:

John, have you met Cristina?
John, ¿conoces a Cristina?

I don't think you two have met yet. This is Cristina, my workmate.
Creo que aún no os conocéis. Esta es Cristina, mi compañera de trabajo.

ES PROBABLE QUE LA OTRA PERSONA TE PREGUNTE:

How did you two meet?
¿Cómo os conocisteis?

How long have you known each other?
¿Desde cuándo os conocéis?

Do you know many people here?
¿Conoces a mucha gente aquí?

Those are cute shoes, where did you get them?
Qué zapatos tan bonitos, ¿dónde los has comprado?

That shirt looks so nice on you! Is it new?
Esa camisa te queda muy bien. ¿Es nueva?

I've been meaning to tell you. I absolutely love your dress!
Llevo un rato queriendo decírtelo. ¡Me encanta tu vestido!

love it!

Your journey to Living la vida English

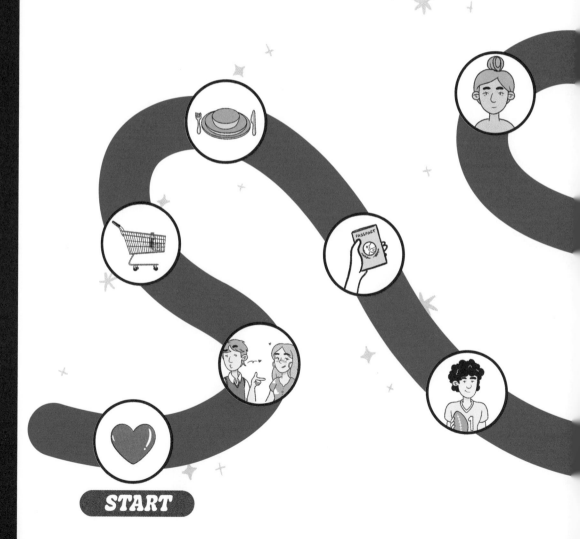

START

Living la vida English

¿Cuál es tu nivel de vidilla alcanzado?

☆ ☆ ☆ ☆ ☆

Excellent

12.
NAIL THE EMAIL!

Nail the email!

EFECTIVAMENTE. HE DEJADO UNO DE LOS MEJORES CAPÍTULOS PARA EL FINAL. WHAT CAN I SAY? ¡UNA PIENSA EN TODO!

TE HABLO DEL TEMIDÍSIMO PERO A LA VEZ MÁS QUE NECESARIO BUSINESS ENGLISH. ¿CUÁNTAS VECES TE HAN DICHO QUE SIN EL INGLÉS NO SE VA A NINGÚN LADO? ¿O QUE SI NO HABLAS INGLÉS NO PUEDES OPTAR A ESE TRABAJO CON EL QUE SUEÑAS? PUES LA «MALA» NOTICIA ES QUE TODAS ESAS PERSONAS WERE ABSOLUTELY RIGHT! Y LA BUENA NOTICIA ES QUE... ¡EXISTEN LOS TRUQUITOS!

The bad news is that...

¡Tenían toda la razón del mundo!

¿NO TE HA PASADO ALGUNA VEZ QUE ELEGIR LA FRASE PERFECTA CUANDO ESCRIBES UN EMAIL DE TRABAJO EN INGLÉS TE HA LLEVADO MÁS TIEMPO DE LA CUENTA? LET'S FACE IT, A VECES PULSAR EL BOTÓN DE «ENVIAR» HASTA NOS ACELERA UN POCO EL CORAZÓN.

Afrontémoslo.

It's taken you longer than expected.

LO DEL LENGUAJE DE LOS EMAILS TIENE SU CIENCIA. NO ES LO MISMO ACABAR CON «UN SALUDO» QUE CON UN «QUE TENGAS UN BUEN DÍA», O DECIR «PERDONA LA DEMORA» QUE «GRACIAS POR TU PACIENCIA». PUES EN INGLÉS OCURRE EXACTAMENTE LO MISMO. ELEGIR BIEN LAS PALABRAS ES CLAVE PARA CONSEGUIR QUE TU EMAIL EN INGLÉS TENGA EL EFECTO DESEADO.

¡Y TODO ESTO ES LO QUE VAMOS A APRENDER EN ESTE CAPÍTULO!

My dear, get ready to nail the email!

Revise the basics

Es por la mañana. Estáis tú, tu portátil y una taza de café. Se te ve super confident y chill mientras escribes ese correo en inglés que hace meses te habría llevado horas. What happened? ¡Fácil! Resulta que gracias a este capítulo habrás aprendido todo esto:

- Tipos de greetings que puedes usar para abrir el email.
- Cómo sonar social and friendly a través de la pantalla.
- Qué formas de decir I'm busy puedes usar.
- Cómo escribir un buen key message.
- Cómo hacer un follow-up en condiciones.
- Cómo despedirte correctamente por email.

· ·

¡Pero no nos precipitemos!

BUT DON'T RUSH IN! ANTES DE EMPEZAR, HAY CIERTAS COSAS QUE TIENES QUE INTERIORIZAR. POR EJEMPLO, NO PUEDES CONTINUAR LEYENDO SI NO CONOCES LA ESTRUCTURA DE UN BUEN EMAIL EN INGLÉS. ASÍ QUE PRESTA ATENCIÓN.

THE PERFECT EMAIL LOOKS LIKE THIS

SUBJECT LINE	**Let's write a book!**

PERSONALIZED GREETING

Dear María,   ✌️ *Te escribo en nombre de...*

INTRODUCTION

<u>I'm writing on behalf</u> of Penguin Random House Grupo Editorial.

✌️ *He dado con tus truquitos.*   ✌️ *No he podido evitar pensar.*

KEY MESSAGE

<u>I stumbled upon your "truquitos"</u> on social media. That is to say, as a matter of fact, <u>I couldn't help thinking</u> we could work and create something amazing together! Your wonderful "truquitos" already <u>have a life of their own</u>, <u>let's put them on paper!</u>

✌️ *Ya tienen vida propia.*   ✌️ *¡Pongámoslos en papel!*

Let's talk and discuss this in detail.

CLOSING

Cheers,
Penguin Random House Grupo Editorial

→ **Responder**   → **Reenviar**   ☺

Este es el email perfecto por dos motivos:

 Que alguien me pellizque, por favor.

En primer lugar, es muy parecido al que recibí hace dos años para proponerme hacer un libro de truquitos. ¡Y ya vamos por el tercero! Somebody pinch me, please.

En segundo lugar, tiene una estructura clara que lo hace fácil de seguir y leer en inglés.

✌️ *Let's get on with it!* **¡ASÍ QUE MANOS A LA OBRA! VAMOS A VER CÓMO DARLE VIDILLA A CADA UNA DE LAS PARTES QUE PUEDE TENER UN EMAIL EN INGLÉS.**

Make sure you use the right personalized greeting!

En inglés, hay varias formas en las que te puedes dirigir a la otra persona. Take a look!

No os conocéis o no habéis intercambiado muchos emails antes.

FORMAL WAY
(when we know the name of the person we are writing to)

Cuando sabemos el nombre de la persona a la que escribimos

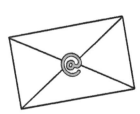

- Dear Mrs. Jones
- Dear María
- Dear Mr. Smith

 En el capítulo "The cool kid at school" ¡vemos cómo usar Mrs., Ms., Miss y Mr. correctamente en inglés. Go take a look if you haven't done so yet!

FORMAL WAY
(when we don't know the name of the person we are writing to)

Cuando no sabemos el nombre de la persona a la que escribimos

- To whom it may concern
- Dear Sir/Madam

Ya os conocéis y habéis hablado por email o en persona en varias ocasiones.

INFORMAL WAY
(when we know the name of the person we are writing to)

- Good afternoon, Mike
- Greetings, Josh
- Hi, Karen
- Hey, George
- Hi there, Emily

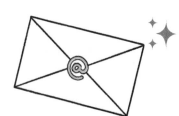

Make a good a introduction and be social

Cuando empezamos un email de trabajo en inglés, puedes empezar de forma friendly escribiendo:

I HOPE ALL IS WELL.
I HOPE YOU ARE WELL.
I HOPE YOU HAD A GOOD WEEKEND / A NICE BREAK.
HOPE YOU'RE HAVING A GOOD WEEK.

SI YA CONOCES A ESA PERSONA Y HAS HABLADO CON ELLA CON ANTERIORIDAD, PRUEBA A DECIR:

I'm glad we had a chance to chat.
Me alegra que tuviéramos la ocasión de charlar.

Thank you for your email last week.
Gracias por tu email de la semana pasada.

ESTE ES UN TRUQUITO QUE ME ENCANTA SI HAS CONOCIDO A ESA PERSONA HACE POCO:

It was nice to put a face to the name.
Me encantó ponerte cara.

Thanks for reaching out.
Gracias por contactarme.

Thanks for getting back to me so quickly.
Gracias por contestarme tan rápido.

I appreciate you taking the time to help.
Aprecio mucho que saques tiempo para ayudarme.

¡No seas duro/a
contigo mismo/a!

Thank you for the heads up.
Gracias por el aviso.

hasta arriba
de trabajo

*OYE, DON'T BE SO HARD ON YOURSELF. HAY MOMENTOS
EN QUE ESTAMOS TOTALMENTE TIED UP WITH WORK
Y A VECES NOS PUEDE LLEVAR MÁS DE LO NORMAL CONTESTAR
A UN EMAIL. SI ESTE ES ALGUNA VEZ TU CASO, PUEDES DECIR:*

Sorry for my late reply.
Siento contestar tan tarde.

Sorry it's been so long since my last email.
Siento que haya pasado tanto tiempo desde mi último email.

Sorry it took me so long to get back to you.
Siento haber tardado en contestar.

instead of
apologizing

*HAY QUIEN DICE QUE, EN LUGAR DE DISCULPARTE,
PUEDES DARLE UN POCO DE POSITIVIDAD AL ASUNTO Y AGRADECER
A LA OTRA PERSONA SU PACIENCIA. ¡Y A MÍ ME ENCANTA ESE TRUQUITO!*

Thank you for your patience.
Gracias por tu paciencia.

Truquito EXTRA

COMO TE DECÍA, ES MUY NORMAL TENER UNA *BUSY LIFE* ESTOS DÍAS. *UNFORTUNATELY*, NO PUEDO QUITARTE EL TRABAJO, PERO SÍ QUE PUEDO DARTE ALGUNOS TRUQUITOS EXTRA PARA DEJAR DE DECIR SIEMPRE EL TÍPICO *I'M BUSY*:

I'M TIED UP

I'll be home late, I'm tied up at work.
Voy a llegar tarde a casa, estoy liado en el trabajo.

I'M SWAMPED

I'm swamped with reports to do.
Estoy hasta arriba con informes pendientes.

I'M UP TO MY NECK

I'm up to my neck in work! I need a day off soon.
Estoy hasta el cuello de trabajo. Necesito un día libre pronto.

POR OTRO LADO, SI ERES TÚ LA PERSONA QUE INICIA LA CONVERSACIÓN, ES IMPORTANTE INCLUIR EL MOTIVO DE TU *EMAIL*:

I am writing to you in connection with/regarding...	Te escribo en relación con/con respecto a...
I'm just touching base with you to...	Me pongo en contacto contigo para...
I am reaching out because...	Me pongo en contacto porque...
This email is just to let you know that...	Este correo es solo para decirte que...
This is just a quick reminder that...	Solo quiero recordarte rápidamente que...

Writing the key message

Aquí es cuando viene lo importante, cuando decimos lo que realmente necesitamos decir. The body of the email!

¡El cuerpo del email!

Las posibilidades son casi infinitas, pero creo que it's safe to say that... existen situaciones que son inherentes a cualquier correo de trabajo en inglés. Vamos a ver las más comunes:

podemos decir que

CUANDO NECESITAS PEDIRLE ALGO A LA OTRA PERSONA

Could you please...?
¿Podrías, por favor...?

Después del verbo "mind" siempre usamos gerundio. Por ejemplo: Would you mind sending the file? ¿Te importaría enviarme el documento?

Would you mind...?
¿Te importaría...?

It would be very helpful if you could send me...
Sería muy útil si pudieras enviarme...

I was wondering if you could...
Me preguntaba si podrías...

I'd really appreciate it if you could...
Te agradecería mucho si pudieras...

CUANDO NECESITAS QUE TE ACLAREN ALGO

Could you give me some more details on...?
¿Puedes darme más detalles sobre...?

Just to make sure we're on the same page...
Solo para asegurarme de que pensamos igual...

If you could please shed some light on this topic, I would really appreciate it.
Si puedes por favor arrojar más luz sobre este tema, te lo agradecería.

I didn't quite get your point about the results. Could you be more specific?
No entendí lo que querías decir sobre los resultados. ¿Podrías especificar más?

CUANDO NECESITAS ASEGURARTE DE QUE TE HAN ENTENDIDO

I know that's a lot to take in, so please feel free to contact me with any question.
Sé que es demasiada información que asimilar, así que ponte en contacto
conmigo en cualquier momento para aclarar dudas.

Let me know if you need any help.
Avísame si necesitas ayuda.

CUANDO TU EMAIL INCLUYA ALGÚN DOCUMENTO

Please find the PDF attached.
Adjunto del PDF.

Please take a look at the attached file.
Por favor, echa un vistazo al PDF adjunto.

I'm enclosing the file.
Adjunto el documento.

CUANDO PONES EN COPIA A ALGUIEN

I have copied María on this email.
He copiado a María en el email.

I've cc'd María on this email.
He puesto en copia a María en el email.

I was wondering if you would be available for a meeting/call next week.
Me preguntaba si estarías disponible para una reunión/llamada
la semana que viene.

Would next Monday work for you?
¿Te viene bien el próximo lunes?

Would 9 am be a suitable time?
¿A las 9 de la mañana es buena hora?

I'm afraid I can't make it on Monday. How about Tuesday?
Me temo que no puedo el lunes. ¿Qué tal el martes?

Would you be available on Friday?
If so, I'll send you an invite shortly.
¿Estarías disponible el viernes?
Si así fuera, te envío una invitación de inmediato.

We just need the thumbs up to go ahead.
Tan solo nos hace falta la aprobación para seguir adelante.

Please let me know if this is OK with you.
Por favor, dime si te parece bien.

What are your thoughts on this?
¿Qué piensas tú?

Truquito EXTRA

They ignore you!

¿SABES ESE MOMENTO INCÓMODO EN EL QUE ALGUIEN PASA DE TI POR EMAIL Y TIENES QUE HACERLE UN RECORDATORIO? BIEN, PUES ESTO EN INGLÉS SE DICE *TO DO A FOLLOW-UP*, ES DECIR, «HACER SEGUIMIENTO», Y HAY QUE SABER HACERLO BIEN. SI YA ES COMPLICADO HACERLO EN CASTELLANO, EN INGLÉS NI TE CUENTO.

VAMOS A DARLE VIDILLA AL ASUNTO. LO PUEDES HACER ASÍ:

I was wondering if you had a chance to take a look at my previous email about...
Me preguntaba si pudiste echar un vistazo a a mi último email sobre....

....

I am writing to you to follow up on my previous email.
Me pongo en contacto para retomar el último email que te mandé.

....

Just a friendly reminder about my previous email regarding...
Solo para recordarte el correo que te envié sobre...

¡Seamos positivos!

LET'S BE POSITIVE! PUEDE QUE LA OTRA PERSONA NO ESTÉ PASANDO DE TI. PUEDE QUE TAN SOLO TENGA ALGUNA DUDA SOBRE TU EMAIL Y NO HAYA PODIDO RESPONDERTE. PARA ESTOS CASOS, PUEDES PREGUNTAR:

If you still have any questions, please drop me an email.
Si tienes alguna pregunta, por favor, escríbeme.

....

If you have any questions about my previous email,
please don't hesitate to let me know!
Si tienes alguna pregunta sobre el correo anterior, no dudes en decírmelo.

....

If we can be of any further assistance, please let us know.
Si podemos ayudar en algo más, háganoslo saber.

El cierre: ¡la guinda del pastel!

The closing: The icing on the cake!

Hay muchas formas con las que podemos finalizar un email en inglés, my dear. Antes de firmar y añadir la despedida, es una very good idea pedirle a la otra persona que nos mantenga al corriente de la situación. Lo puedes hacer así:

Please keep me posted/in the loop.
Por favor, mantenme al tanto.

O PUEDES OFRECERTE TÚ A INFORMAR AL RECEPTOR SOBRE EL TEMA:

I'll keep you posted/in the loop.
Te mantendré al tanto.

PUEDE QUE EN EL EMAIL HAYAS TENIDO QUE DAR BAD NEWS, POR LO QUE TE PUEDES DISCULPAR DE FORMA POLITE:

Thanks again for your understanding.
Gracias de nuevo por tu comprensión.

I hope you can understand.
Espero que puedas entenderlo.

Please accept our apologies for the inconvenience.
Lamentamos el inconveniente.

I look forward to hearing back from you soon.
I look forward to your prompt reply.
Thank you in advance for your prompt attention to this matter.
Thank you for your timely response.

La realidad es que todas estas opciones no tienen una traducción muy natural al castellano (nunca diríamos «espero con ganas oír de usted pronto»), pero funcionan muy bien en un contexto anglosajón.

And last but not least... ¡El cierre definitivo! Puedes cerrar el mensaje con Regards, es decir, «saludos». Regards es una palabra curiosa, pues puede ir acompañada de muchos adjetivos. Es decir, vas a ver todo tipo de combinaciones: Kind regards, best regards, warm regards o simplemente regards.

OTRAS OPCIONES MÁS CERCANAS E INFORMALES QUE USO MUCHÍSIMO SON:

All the best · Thanks a million! · Best wishes · Have a great day

Y cómo olvidarnos del iconic y superbritish... Cheers!
Que es una forma coloquial de dar las gracias.

paramount

MINITRUQUITO

¡Como un rarito/a total!

SÉ QUE EN ESPAÑOL A VECES ACABAMOS LOS EMAILS CON «UN ABRAZO» O «UN BESO». PERO ¡ESTO NO EXISTE EN EL MUNDO ANGLOSAJÓN! ES DECIR, JAMÁS DE LOS JAMASES ACABES TUS EMAILS EN INGLÉS CON A KISS O A HUG PORQUE SONARÁS LIKE A COMPLETE WEIRDO. MEJOR USA LAS OPCIONES QUE ACABAMOS DE VER, JEJE.

Your journey to Living la vida English

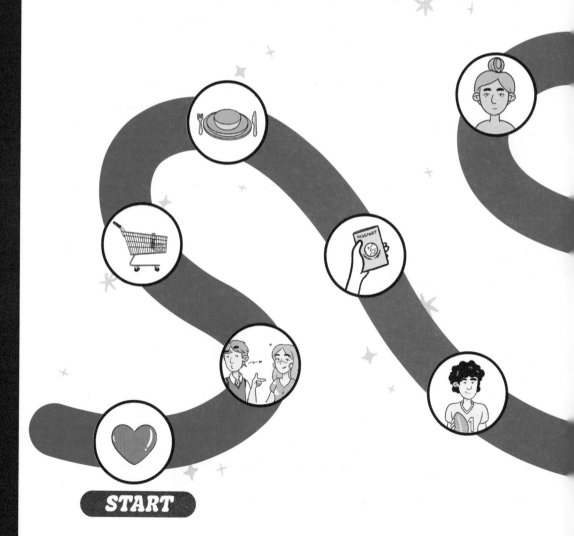

START

Living la vida English

¿Cuál es tu nivel de vidilla alcanzado?

☆ ☆ ☆ ☆ ☆

Excellent

13.
MEET ME ONLINE

Meet me online

Vamos a quedar online

¿RECUERDAS AQUELLOS TIEMPOS EN LOS QUE LA MAYORÍA DE LOS MEETINGS SE HACÍAN EN PERSONA? ¿AQUELLOS DÍAS EN LOS QUE LA OFICINA ERA EL PUNTO DE ENCUENTRO Y ZOOM ERA UN COMPLETO DESCONOCIDO?

LO SÉ. YO TAMPOCO

Neither do I!

TODO HA PASADO TAN RÁPIDO QUE PARECE QUE LLEVAMOS INMERSOS EN ESTE MUNDILLO TECNOLÓGICO TODA LA VIDA. PERO, SI HAY ALGO DE LO QUE PODEMOS ESTAR SEGUROS ES QUE LAS VIDEOLLAMADAS DE TRABAJO HAN VENIDO PARA QUEDARSE.
THEY'RE HERE TO STAY!

work videocalls

¡Hay que ponerse las pilas!

Y, CLARO, MY DEAR, WE GOTTA PULL OUR SOCKS UP!
PORQUE, SI HAY ALGO DE LO QUE TAMBIÉN ESTOY SEGURA, ES QUE SI LAS VIDEOLLAMADAS SE HACEN UN POCO CUESTA ARRIBA EN CASTELLANO... ¡IMAGÍNATE EN INGLÉS! IT BECOMES QUITE A CHALLENGE.

Se vuelve todo un reto.

Sounds good, right?

RECUERDA QUE, CUANDO HABLAMOS EN INGLÉS,
NO SOLO ESTAMOS TRASLADANDO UN MENSAJE
DE UN IDIOMA A OTRO, SINO TAMBIÉN UNA CULTURA.
POR LO QUE HAY QUE SABER TENERLO *UNDER CONTROL*
Y CONOCER LOS TRUQUITOS MÁS IMPORTANTES PARA
MAKE A GOOD IMPRESSION.

causar una buena
impresión

Ready to go?
Meet me online!

Revise the basics

Parece que te estoy viendo:

You're sweating buckets.

Puedo verte **sudando la gota gorda** mientras entras
al **online meeting** en inglés que te han puesto hoy en el trabajo.
Tienes que hablar y... **your heart is racing! But not for long, dear.**
Después de leer este capítulo sabrás:

¡Tu corazón se acelera!

¡Pero no por mucho tiempo!

- Cómo manejar los imprevistos con naturalidad.
- Cómo hablar de los fallos técnicos.
- Diferenciar las palabras más liosas en inglés.
- Cómo empezar el **meeting** de forma profesional.
- Cómo interactuar con tus **colleagues** de forma respetuosa.
- Cómo mostrar interés.

La ley de Murphy, ya hablamos de esto en anteriores capítulos, remember?

DO YOU BELIEVE IN MURPHY'S LAW? YA SABES, ESA QUE DICE QUE SI ALGO PUEDE SALIR MAL, SALDRÁ MAL. HONESTLY, YO SOY DE LAS QUE VEN EL VASO MEDIO LLENO, PERO LA REALIDAD ES QUE EN UNA VIDEOLLAMADA DE TRABAJO EN INGLÉS HAY QUE PREPARARSE PARA TODO.

Por eso, antes de nada, quiero empezar regalándote varios truquitos para controlar la situación y estar ready para todo lo que pueda ocurrir.

> out of the blue

¿NO TE HA PASADO QUE DE REPENTE TODOS LOS MICRÓFONOS ESTÁN ENCENDIDOS Y EL ECO NO TE DEJA CONTINUAR? PUEDES DECIR:

Can everyone check they're muted? I'm getting a lot of background noise.
¿Puede todo el mundo comprobar si ha desactivado el micrófono?
Me llega mucho ruido de fondo.

....

Sorry, there's a lot of background noise.
Could everyone please mute their microphones when not speaking?
Perdonad, hay mucho ruido de fondo.
¿Podéis todos desactivar vuestro micro si no estáis hablando?

CUANDO NO OIGAS O NO VEAS BIEN A ALGUNO DE TUS COLLEAGUES, SIMPLEMENTE PUEDES DECIR:

Sorry, I'm having trouble seeing/hearing you.
Lo siento, tengo problemas para verte/oírte.

....

I think you're on mute. Could you please unmute your microphone?
Creo que tu micro está desactivado. ¿Puedes volver a activarlo, por favor?

....

We lost your video for a moment. Could you please repeat what you just said?
Hemos perdido tu imagen un momento. ¿Podrías repetir lo que acabas de decir?

en la misma línea

gran aliada

ON THE SAME NOTE, LA CONEXIÓN DE INTERNET ES NUESTRA GREAT ALLY, PERO CUANDO LE FALLA A ALGUIEN Y SE LE CONGELA LA PANTALLA, LE PODEMOS DECIR:

You're breaking up a little bit.
Te estás cortando un poco.

You're frozen.
Te has quedado pillado/congelado.

share my screen

You're glitching.
Te veo con fallos.

NO TE IMAGINAS LA CANTIDAD DE VECES QUE HE TENIDO PROBLEMAS PARA COMPARTIR PANTALLA. UNA VEZ FUE DURANTE UNA CHARLA EN INGLÉS QUE DI PARA UNA UNIVERSIDAD. *I ALMOST FAINTED!* EN ESE MOMENTO PUEDES DECIR:

¡Casi me desmayo!

I can't seem to get the screen share to work. Give me a moment, please.
No consigo compartir pantalla. Un momento, por favor.

I'm just going to log off and log in again.
Voy a desconectarme y conectarme otra vez.

I'm going to switch off my video/mic and see if that helps.
Voy a desactivar mi cámara/micrófono y vemos si ayuda.

I'm not too familiar with this platform.
Could someone assist me with the screen sharing feature?
No uso mucho esta plataforma.
¿Alguien me echa una mano con esto de compartir pantalla?

Bear with me for a moment, I'm trying to locate the document I need to share.
Un momento, por favor. Estoy buscando el documento que quiero compartir.

If it's not working, maybe one of us can share the screen for you?
Si no funciona, podemos compartir pantalla por ti.

We still can't see your screen. Maybe try checking your settings
to allow sharing permissions for the app?
Seguimos sin ver. ¿Y si pruebas a ir a los ajustes
y darle permiso a la aplicación para compartir pantalla?

Hablando
de eso...

Normalmente, el 90% de
las veces esta resuelve el
problema. María approves!

**AND SPEAKING OF WHICH, SI POR FIN SE CONSIGUE COMPARTIR PANTALLA,
PERO NO VES BIEN LA PRESENTACIÓN, PRUEBA A DECIR:**

Can you make it bigger?
¿Puedes hacerlo más grande?

Can you zoom in a little?
¿Puedes hacer un poco de zoom?

Can you zoom out?
¿Puedes quitarle zoom?

love it!

Una expresión superbritish que quiere decir literalmente «No te líes los calzoncillos». En realidad, lo que quiere decir es «No te confundas» o «No te líes».

Truqui/to EXTRA

APUESTO A QUE HAS VISTO MIL VECES LOS VERBOS EN INGLÉS SIGN UP, SIGN IN, LOG IN Y DERIVADOS CUANDO HABLAMOS DE «DARNOS DE ALTA» O «INICIAR SESIÓN» EN UNA PLATAFORMA ONLINE. DON'T GET YOUR KNICKERS IN A TWIST! TENGO EL TRUQUITO DEFINITIVO PARA DIFERENCIARLOS:

SIGN IN **LOG IN/LOG ON**	Iniciar sesión Se refieren al proceso de poner tu usuario y contraseña para acceder a una plataforma.
SIGN UP	Darse de alta o registrarse Se refiere al proceso de dar tus datos, como tu nombre y email, para darse de alta en alguna plataforma o newsletter.
SIGN OUT **LOG OUT/LOG OFF**	Cerrar sesión
SIGN UP **FOR SOMETHING**	Apuntarse Se refiere a registrarse para asistir a un evento online o presencial, como una clase o suscripciones.

Starting the online meeting

Let's be honest, probablemente tanto tú como la persona con la que vas a hablar tengáis varias videocalls de trabajo al día, así que you want to keep it short and simple. A veces, irse por las ramas puede ser algo contraproducente. Hay varias frases sencillas y útiles que puedes usar para empezar una reunión en inglés:

mejor hacerlo de forma corta y sencilla

En primer lugar, puedes saludar al team así:

beating around the bush

HI EVERYONE!
GOOD MORNING EVERYBODY!
HOW ARE YOU DOING TODAY?

---

listos para empezar

I think we're ready to get going now.
Creo que estamos listos para empezar ya.

CUANDO TODOS ESTÉIS READY TO GO, PRUEBA A DECIR:

Let's get started!
¡Vamos a empezar!

Are we good to go?
¿Estamos preparados para empezar?

Recuerda que "arrive on time" quiere decir llegar a hora exacta que te indican, mientras que "arrive in time" se refiere a llegar con tiempo para hacer algo.

If we're all here, let's start the meeting, shall we?
Si estamos todos aquí, vamos a empezar
la reunión, ¿os parece?

HABRÁ OCASIONES EN LAS QUE ALGUIEN NO LLEGUE ON TIME PARA LA REUNIÓN. PUEDES PREGUNTAR:

Ok, is everybody here? Who are we waiting for?
¿Estamos al completo? ¿A quién esperamos?

SI HAY PRISA Y EL MEETING TIENE QUE EMPEZAR:

I think we'll make a start without them.
Creo que vamos a empezar sin ellos.

Interactuar con tus colleagues

Probablemente esta sea la parte más importante de todo este encuentro online. Cómo te diriges y te expresas con tus compañeros en inglés really makes a difference!

¡Marca la diferencia!

CUANDO QUIERAS SABER LA OPINIÓN DE ALGUNO DE TUS COMPIS O SIMPLEMENTE QUIERAS ANIMARLOS A PARTICIPAR EN LA REUNIÓN, PRUEBA A DECIR:

encourage them to engage in the conversation

What's your take on...?
¿Qué opinas de...?

I'd like to have your input on...
Me gustaría saber tu idea sobre...

How do you feel about...?
¿Qué te parece...?

What's your view on that?
¿Cuál es tu punto de vista sobre eso?

We haven't heard from you yet. Would you like to share your thoughts?
Todavía no te hemos oído. ¿Te gustaría compartir tu opinión?

SI ESTÁS DE ACUERDO CON LO QUE ALGUIEN ACABA DE DECIR, PUEDES AÑADIR:

I couldn't agree more!
No puedo estar más de acuerdo.

I absolutely agree with you.
Estoy completamente de acuerdo contigo.

Good point, you're right!
Bien visto, tienes razón.

I'm sorry, but I disagree on that.
Lo siento, pero no estoy de acuerdo con eso.

....

I'm afraid I can't agree with you on that.
Me temo que no puedo estar de acuerdo contigo en eso.

....

I understand where you're coming from, however I think...
Entiendo tu punto de vista, sin embargo, pienso que...

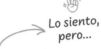

Lo siento, pero...

Me temo que...

**FÍJATE EN CÓMO USAMOS I'M SORRY, BUT O I'M AFRAID THAT...
PARA SUAVIZAR EL MENSAJE EN INGLÉS. TAKE NOTE!**

Truquiíto

OBSERVADOR

**SI NO ENTIENDES ALGO DE LO QUE SE HA MENCIONADO EN LA REUNIÓN,
IT'S NOT THE END OF THE WORLD! SI SUCEDE, SIMPLEMENTE DI:**

¡No se acaba el mundo!

I'm afraid I didn't quite catch that.
Me temo que no acabo de entender eso.

....

Can you repeat that please?
¿Puedes repetir eso, por favor?

....

Could you repeat the last bit, please?
¿Puedes repetir la última parte, por favor?

....

The audio broke up a bit. Can you say that again, please?
El audio se ha cortado. ¿Lo puedes repetir?

Could you expand on that?
¿Puedes ampliar esa parte?

....

Could you elaborate on that idea a bit more?
¿Puedes explicar esa idea un poco más?

CUANDO QUIERAS AÑADIR ALGUNA OTRA IDEA:

Hold on, please, I'd like to mention one more thing before we go on.
Un momento, por favor, me gustaría comentar una cosa más antes
de que nos vayamos.

....

May I jump in for a second? I'd like to add something.
¿Os importa que intervenga un momento? Me gustaría añadir algo.

**ESPERA, QUE ME DICEN POR EL PINGANILLO QUE NOS ENCONTRAMOS
ANTE OTRO CASO DIGNO DEL NEVER AGAIN CORNER.**

**MY DEAR, ME SIENTO CON LA OBLIGACIÓN MORAL, COMO BUENA
TEACHER QUE SOY, DE GUARDAR BAJO LLAVE EN ESTE RINCÓN
AL TÍPICO ONE MOMENT, PLEASE.**

¡MIRA TODAS LAS ALTERNATIVAS CON VIDILLA QUE EXISTEN!

Hold on, please.
Espere, por favor.

....

Hang on!
¡Un momento!

....

Just a second / One sec!
Un segundo.

....

Bear with me.
Quédese conmigo un momento.

Truquito EXTRA

en persona, cara a cara

A VECES, NO VER A LA OTRA PARTE *FACE-TO-FACE* DIFICULTA LA COMUNICACIÓN, *RIGHT*? EXISTEN FORMAS DE HACER VER A LA OTRA PERSONA QUE LE ESTÁS PRESTANDO ATENCIÓN DE FORMA ACTIVA. NO SOLO HAY QUE SER *GOOD ENGLISH SPEAKERS*, TAMBIÉN *GOOD ENGLISH LISTENERS*!

I see...
Ya veo...

Oh, really?
¿De verdad?

I get your point.
Te entiendo.

I see what you mean.
Ya veo lo que quieres decir.

That makes sense.
Tiene sentido.

So, what you're saying is...
Entonces, lo que quieres decir es...

divagar un poco

¡El tiempo es oro!

POR ESTADÍSTICA, SIEMPRE HAY ALGUIEN EN LA REUNIÓN QUE EMPIEZA A *RAMBLE ON A LITTLE BIT*. ¿CUÁNTOS *MEETINGS* EN INGLÉS PODRÍAN HABER SIDO UN *EMAIL*? POR ESO ES IMPORTANTE SABER DARLE PRISA A ALGUIEN DE FORMA EDUCADA O HACER QUE EL *TEAM* SE VUELVA A CENTRAR. *TIME IS GOLD*!

We're running short on time, so let's focus on the key issues.
Se nos está acabando el tiempo, centrémonos en lo principal.

We need to wrap up soon, so let's cover the essential points.
Hay que terminar pronto, así que hablemos de los puntos más importantes.

We're running out of time. Let's wrap up the remaining points.
Se nos acaba el tiempo. Vamos a terminar los puntos que nos quedan.

Your journey to Living la vida English

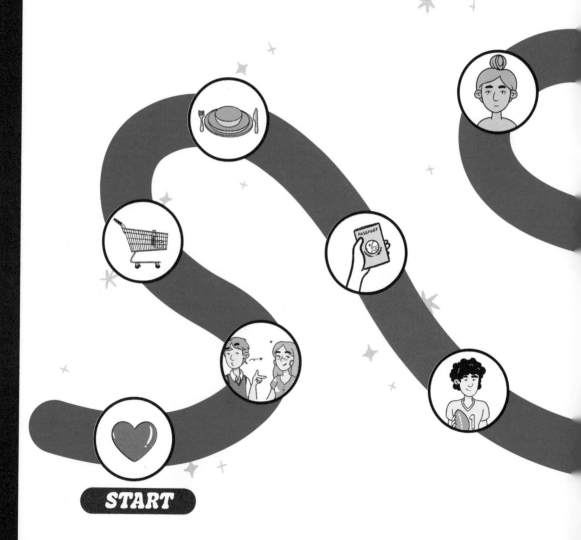

START

Living
la vida
English

¿Cuál es tu nivel de
vidilla alcanzado?

☆ ☆ ☆ ☆ ☆

Excellent

Start
Living la vida English!

despedida

Esto debería ser una farewell, pero en realidad es todo lo contrario.

Ahora que has llegado al final de este libro y la vidilla se ha apoderado de todos los ámbitos de tu vida, es el momento de dejar de buscar señales.

¿Cuándo me pongo con el inglés? ¿Lo dejo para más adelante?

El truquito de vivir una vida English es que no te hace falta sacar tiempo para el inglés. Lo vives. Forma parte de tu día a día y te acompaña a donde quieras.

A partir de ahora, lleva el inglés a tu terreno. Empápate de él. Rodéate de contenido en inglés sobre lo que más te guste, sal de tu comfort zone de vez en cuando y, sobre todo, habla. Habla hasta contigo mismo, aunque solo seas tú en tu habitación, como lo hacía yo en su día.

Esto debería ser una farewell, pero en realidad es donde empieza todo.

Stop searching for signs. Esta es tu señal, my dear.

Deja de buscar señales.

¡A vivir la vida English!

THANKS A MILLION, MY DEAR!

This is not a goodbye. It's a see ya later, alligator!

Nos vemos en nuestra comunidad en redes sociales
para tu dosis diaria de truquitos.

Aprende más inglés en:
www.mariaspeaksenglish.com
y en mi academia **www.pikingli.com**

⊙ f ♪ @mariaspeaksenglish
▶ Maria Speaks English
𝕏 @mariaspeakseng

María Speaks English

THANK YOU!